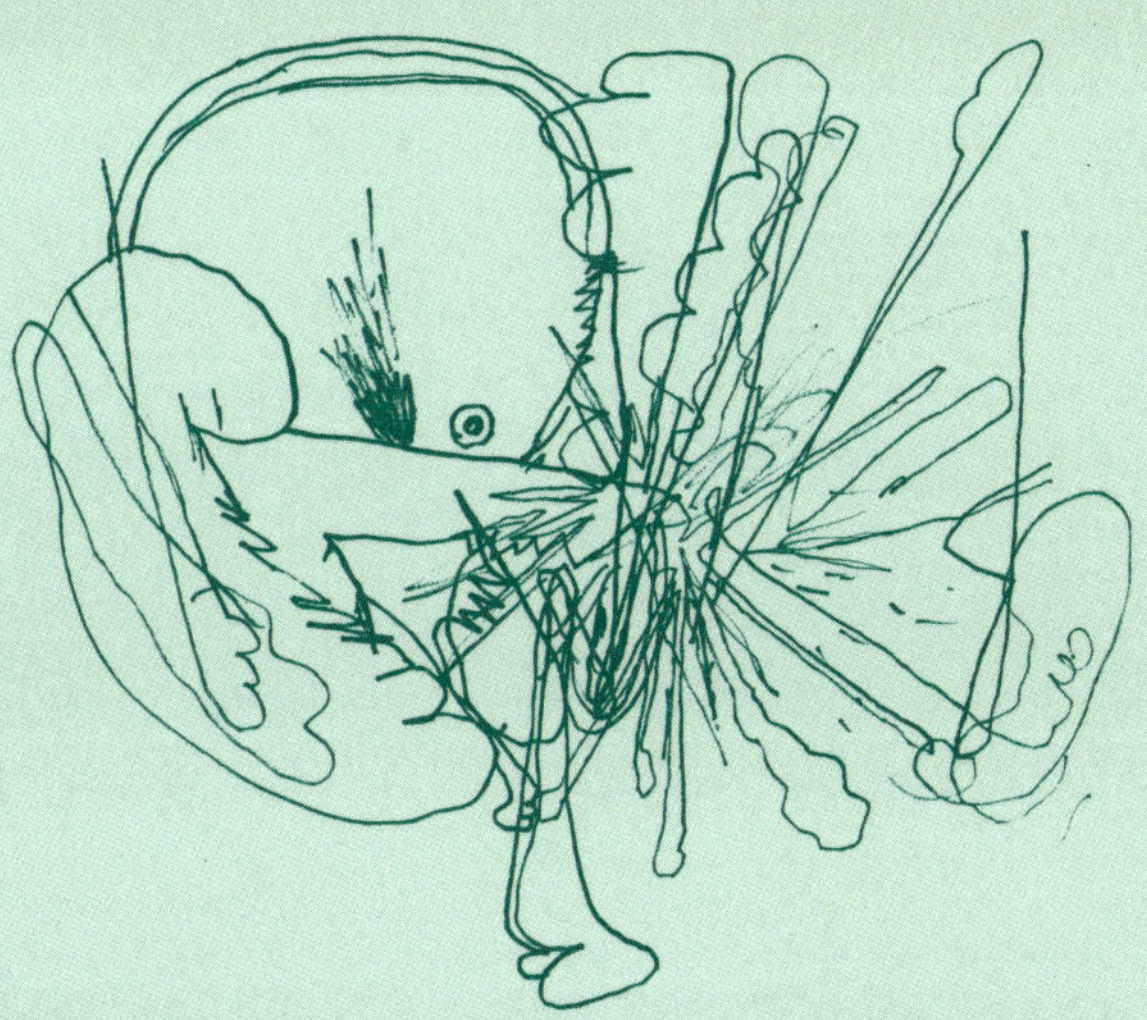

フェミニズムは
だれのもの？

編者
有限責任事業組合フリーターズフリー

人文書院

はじめに

子どもの頃に、「だまし絵（トリックアート）」と呼ばれる絵を初めて見てとても興奮した記憶がある。いろいろなだまし絵があるが、私が最初に見た絵は、一見、後ろ向きの若い女性に見える絵だ。――若い女性に見えるその絵は、何かの拍子に視点を変えれば高齢の女性の顔にも見えてくる（若い女性の「首」部分を大きな「あご」に、首飾りに見えるところを「口」として捉えると高齢の女性の顔に見える）。

逆に最初は高齢の女性に見えて、若い女性の顔としては認識できなかった人もいるかもしれない。ともあれ、その二つの女性像を最初から、同時に認識できる人は少ないのではなかろうか。にもかかわらず、いったん高齢女性の顔が見えてくれば、もはや若い女性の顔しか見えなかった自分が想像できないほどに、その絵を見れば両方の絵が目に飛び込んでくるのだ。

しかし、絵自身はまったく変わらず、そこにある。だとすれば。

見ようとしたモノ／見まいとしたモノは一体何か。

そして。

だましている者／だまされている者は一体誰か。

長々と「だまし絵」について触れたが、女性の労働問題に取り組むことは、私にとってはこのだまし絵の与える衝撃と親和性があったからだ。「女性」と「労働」、とりわけ「女性」と「フリーター」的な働き方について経済的・歴史的・心理的な様々な側面をつなげて考え、また対談などを通して他の人の考えに触れることによって、日々の生活の中で隠れている――と

自分が思いこんでいる――「現実」がまざまざと目に飛び込んできた。見ようとしたものと同時に、見えないもの、ないしは見るまいとしたものとが同時に飛び込んでくるような、経験。
狭義で「労働問題」と思われる課題――たとえば賃上げ要求、条件闘争、「失業者」への就職の斡旋――は重要ではあるが、あくまで労働問題の「一部」である。
『フリーターズフリー』2号の責任編集を担ったが、その際の感想としては「労働」や「仕事」という言葉・概念がこの日本では非常に狭く、そして恣意的に使用されているということだ。賃労働でなければたいていの作業は、「仕事」とは名指されない。家事をいくら手伝っても履歴書

には書けない。そんな「履歴書」には載らない労働、仕事はいくらでもある。だからこそ「金を払うに値する」という評価はいったいいかなる前提のシステム・価値観・習慣・文化から生まれているのかを考えなければならない。私達は「労働」という言葉を使うときに、既に何かにだまされているかもしれない。そして何が私達をだましているのかを探らなければいけない。そしてもっと恐ろしいことに、既存の社会に参入するためには違和感を封じ、自分をごまかしたいとさえ思うかもしれない。

女性と労働をつなげて考えることは、「労働ではない」とされているもの、いわば労働の背景とされたものから、翻って労働の現実を見ることとなる。この対談集は、『フリーターズフリー』2号のサブテキスト的要素のみならず、様々な立場の「人の言葉」という名の「光」のもとで、まさにだまし絵のように「労働」という狭義の概念に埋もれた「しごと」を明るみに出そうと試みている。

それは例えば「主婦」と呼ばれる存在が担ってきた「しごと」、産み・育て・衣食住のミニマムな維持、いわば「生」と「性」にまつわる「しごと」を考えることであり、そして、家庭内の「シャドウワーク」のみならず企業内においても、「誰でもできる仕事」を行っているとみなされてきた存在である、「主婦」に向かい合うことである。

しかもその「誰でもできる仕事」とみなされたパート労働者は、正社員中心の労働組合からは排除され、条件闘争では正社員の足をひっぱる「敵」のようにさえみなされてきた。この主婦のパート労働状況を放置してきたことにより、今の派遣労働やその他非正規労働の「惨」が生まれたといっていい。

「2　労働にとって「女性」とは何か」では、まさにこの労働にとっての女性という存在について、立命館大学で研究を進めてきた村上潔氏と、フリーターズフリー生田武志、そして私（栗田）とで、「主婦」という概念を軸に話を進めた。

村上潔氏と生田武志、そして私はいわゆる「主婦」ではない。しかし「主婦」的労働、そして社会的地位は、男女雇用均等法や派遣法、そして第三号被保険者制度が生まれてから二五年の間、むしろ不気味な形で浸透し、社会における主婦的な労働条件は性別すら超えて広がっている。「主婦」的な労働の、当事者性というものすら曖昧にさせるほどの拡がりは、社会の獰猛さを表しており、その獰猛さは、当事者とは思えぬ立場の人間が無関係を決め込むことを許さない。しかし、主婦という立場は社会構造から生まれているからこそ、個人の選択として、主婦になる／ならないという発想ではなく、主婦という概念、立場を、村上氏が語るように「リサイクル」し、見直す必要があるだろう。

「3　性⇔暴力⇔労働」では、セックスワークに従事されていた鈴木水南子氏と、かつて修道院の門を叩いた私とで、労働と性を巡る「暴力」について語り合った。おそらく世の中の常識では「真逆」とみなされる存在同士が、労働と性における暴力というテーマで限りなく近づいた事実こそ、特筆するべきだろう。

　この対談では、女性がお金を得られる最後の手段と考えられてきた「セックス」について取り上げている。つまり「オンナはいざとなればカラダを売ればいい」と思われ、社会から要請すらされてきた、セックスという「しごと」。現在成立しているセックス産業のほとんどは、そこで従事したことが「キャリア」として計上されることはなく、暴力的に女性を搾取し、抑圧する装置として機能してきた。――だが、それは果たしてセックスワークだけなのか。セックスワークだけではなく、この社会の中で「労働」そのものが人を搾取し抑圧していくといった状況が今の日本をリアルに覆っている。セックスワークと、いわゆる「堅気《かたぎ》」とみなされる労働のどちらにも奥底で流れている暴力、いわば労働を通して生まれる社会的暴力という問題をクローズアップさせる対談となった。

　この社会的暴力に抗うツールの一つであるはずの労働組合の組織率はこの数十年ずっと下がり続けてきた。企業の御用組合と化し、正社員中心となった労働組合の当然の帰結といえるだろう。しかし、昨年（平成二一年）は微かながらも労組の組織率が増えたのだ。（厚生労働省「平成二一年労働組合基礎調査結果の概況」http://www.mhlw.go.jp/toukei/itiran/roudou/roushi/kiso/09/kekka.html#）。その「微増」の背景には派遣労働者や、パート労働者、アルバイター、自営業、そしていわゆる「水商売」といった従来労働組合には組み込まれなかった労働者たちが作り出した労働組合の増加にある。「誰でもできるから」「専門職じゃないから」という理由で「労働」として認識されなかった労働者たちが加入する労働組合が増えているのだ。

逆に堅気とされている労働が、労働を覆い尽くす「暴力」を放置し、さらに労働現場で起こる暴力に対抗するツールの一つである労働組合を手放してきたともいえる。この逆転（?）現象も私達の対談が生まれた背景にあるといえるだろう。

そして、「1 〝おひとりさま〟と〝フリーター〟は手を結べるか」は、『おひとりさまの老後』でベストセラーを放ち、現在東京大学教授の上野千鶴子氏自らが主宰する「ジェンダー・コロキアム」での対談である。

「（笑）」という文字がしばしば現れるように、この対談ではしばし笑いが生まれた。――だが、この「（笑）」は決して歓談の笑いだけではないことを、読者はすぐに理解しうるだろう。笑わなければ対話が成立しないような緊張感、まさに「コロキアム」――闘技場――的な緊張感こそがこの対談の核である。上野千鶴子氏は、彼女の代表作と呼ばれる『家父長制と資本制』（一九九〇年）において（対談中で大澤信亮が触れたように）「問題なのは「労働」概念からの解放である。それは同時に、人間の行為の新しい編成の提示である」。と記している。しかしこの「労働概念からの解放」は『家父長制と資本制』が生まれてからの二〇年間、どこまで実践されてきたかは、極めて心もとなく、活動する人間にも重くのしかかる課題である。またこの対談内でフリーターズフリーは、「ピア」の集まりであると、上野千鶴子氏が評したことから、フリーターズフリーがいかなる組織であるのか、そしていかなる組織であるべきなのかが問われる契機ともなった。

世の中には「若年労働問題」をテーマにした本がたくさんあります。（略）ところで気になるのはこれらがみんな「彼らの言葉」であることです。（略）彼らが本気であろうとなかろうと、やっぱりわたしたちのことはわたしたちが考えるべきだと思うのです。

（「フリーターズフリーへようこそ――わたしたちの出発点」『フリーターズフリー』1号）

「わたしたちのことはわたしたちが考えるべき」というフリーターズフリーの「出発点」は、ピア（自助）の要素と重なりうるだろう。そしてピアの集団がなしてきた社会的な偉業――ウーマンリブの意識覚醒（CR）や、アルコール依存をはじめとした種々の依存症者の集いや、七〇年代の脳性まひ当事者団体「青い芝の会」――に心より敬意を表しながらも、上野千鶴子氏が二〇年前に語ったような「労働概念の解放」を実施する際の姿勢として、我々が「ピア」に重なりきることが、労働概念の解放という実践に繋がりうるかどうかは再考の余地がある。「おひとりさま」と「フリーター」は、労働概念からの解放という実践を本気で双方が行うときだけ、その実践を通してつながりうるのかもしれない。そしてそれが上野氏の語る真の「共闘」となるかもしれない。しかし、そのときは「出会うことがあっても、もはや以前のようにお互いを見分けることは出来ない」（ニーチェ『悦ばしき知』、傍点引用者）のではないだろうか。「おひとりさま」「フリーター」という社会が作り上げた枠組みそのものが、その時には無化されているはずなのだから…。

「4　草食系男子と性暴力」は、『フリーターズフリー』2号同様、女性労働を取り上げる中でこそ男性を取り上げ、男性の立場から女性への疑義を呈する対談が食い込まれている。『草食系男子の恋愛学』がベストセラーとなった大阪府立大学教授の森岡正博氏と杉田俊介との男性同士の対談である。女性と労働を中心とした本書のなかで、「異」となる男性の「性」と「暴力」を語ることは、女性が問う立場のみならず、真に問われる立場を経験するプロセスそのものである。

森岡正博氏が自らの世代の限界として「男性学と女性学の正面からの対話はできなかった」と、一回り以上年齢の異なる杉田俊介に語る。もし、この「男性学と女性学の正面からの対話」が真に果たされるときは、単純に女性の怒りをすべてごもっともと受け止め、ひたすら自らの非を認める「優しい」男性という姿ではありえないだろう——もちろんそれは暴力や権力を行使し、時には肉体的な暴力を女性に振るう男性の姿ではないことも明らかだ。そして、実に興味深いことに、この対談のなかで探られ続けた「優しさ」の具現化の舞台は、性愛そして恋愛というシチュエーションであった。これは何を意味するのか。

「ニコニコ動画やYouTubeでポルノ映像を日常的に見る習慣があります。ある種の性依存というか、アディクションに近い感じがある」と杉田俊介がポルノについて触れているが、そのポルノにおける恋愛・性愛の状況設定や男女像は陳腐なほどに保守的だ。しかしここまでポルノ映像が流通する現実の中で、その陳腐さを笑える者がどれほどいるだろう。「興奮」「欲望」といったもっとも赤裸々な感情こそ、もっとも保守的なものに縛られていることが多い。彼らの語る「優しさ」が具現化したならば、私達はもっとも剝き出しの、裸の、本音の部分においての、個人と社会の両方の変革を目の当たりにすることとなるだろう。むしろその変革の担い手となるための可能性を、この対談で皆さんと摑みうるなら幸いなことである——それはほんとうに困難なことだから。

「5　フェミニズムとカトリックの間で」では、この対談集内ではずっと問う立場で関わっていた私（栗田）が、フリーターズフリーの他メンバーから「問われる」立場となる。問われる立場に立つことは「人をだまさないため」にどうしても必要なことである。自らの視点から見えることのみを語ることは、決して悪いことではないが（根拠のない「中立」の姿勢をとるよりはずっと好ましい）、自らの視点を絶対視し、他の意見の封殺に成功してしまえば、それはまさに「嘘」への加担である。しかしその嘘から解放されるには、矛盾しているようだが自分自身が正しくあろう、嘘をつくまいという自力の努力では不可能だ。正しさへの拘《こだわ》りこそが、「正しい自分が好き」というナルシスティックな拘りに転化してしまうものだから。

「フェミニズム」と「カトリシズム」という二つの、時に相反する思想の中で「消化不良」と評される状態を呈しつつ、しかしながら／にもかかわらず、「売文婦」として言葉を生もうとする私についての判断は読者に委ねるしかない。だが、このインタビューが行われることそのものが、常にフリーターズフリーの組合員自身が問い／問われる存在であるという表現として、受け取ってもらえればありがたい。なにせこの最後の対談の提案は、私以外のメンバーのなかから自然と出てきたものであったから。

ほんとうに社会が変るために、第4章で語られた「優しさ」や第5章で語られる「ユーモア」を爆発させながら、さまざまなかたちでフリーターズフリーに関わってくださる人々とともに、問い／問われる関係をつくってゆきたいと思う。この本がその足がかりとなれば嬉しい。

有限責任事業組合フリーターズフリー
栗田　隆子

目次

はじめに（栗田隆子） 1

1 〝おひとりさま〟と〝フリーター〟は手を結べるか 15
上野千鶴子×貴戸理恵×大澤信亮×栗田隆子×杉田俊介

フリーターズフリーについて　自己紹介（栗田・大澤・杉田・貴戸）
繋がり、分け合う　ほうっといてくれ　後続をつくる　徹底的な差異
私が出す解はあなたの解にはならない　「労働」そのものを変えていく

2 労働にとって「女性」とは何か 63
村上潔×栗田隆子×生田武志

出版流通の問題　女性・主婦問題の発掘　主婦とフリーター
ないものとされた存在　女性の野宿者はなぜ少ないか

セーフティネットだけでは足りない　「主婦」のリサイクル
主婦とフリーター、共闘の難しさ　質疑応答

3　性＝暴力＝労働――堅気の仕事はどこにあるのか？　103
鈴木水南子×栗田隆子

労働時間は八時間を知らなかった　知性と理性と自尊心
結婚制度は何のためにあるのか分からない　男性は猛獣？　男性は排除？
セックスワークの社会的位置づけを考える　ツケが回る　堅気の仕事を作ろう

4　草食系男子と性暴力　133
森岡正博×杉田俊介

草食系男子と非モテ　草食系の優しさと暴力　メンズリブの歴史性
田中美津の問い　生命学の根本問題　動物における生命論　生命の宗教性
男であることの暴力　身体性の否定　子どもからの問いかけ

5　フェミニズムとカトリックの間で　191
栗田隆子×生田武志×大澤信亮×杉田俊介

「書く」ことに専念する　フェミニズムとの出会い　シスターとの出会い
不登校の時代　偽の対立と代理戦争　被害と加害
変える／変わるということ　概念を変える　再分配について
言葉を流通させる　母と娘　資本制を超える　「売文婦」として生きる

おわりに（生田武志）　243

1

〝おひとりさま〞と〝フリーター〞は手を結べるか

上野千鶴子×貴戸理恵×大澤信亮×栗田隆子×杉田俊介

2009年1月27日　第17回 東大ジェンダー・コロキアム

フリーターズフリーについて

貴戸　貴戸理恵と申します。今日は司会を務めさせて頂きます。私も『フリーターズフリー』1号に原稿を寄せているのですが、このたびその2号が出ました。それが女性労働特集ということで、ぜひ、この場で上野さんとフリーターズフリーのメンバーの方たちで、女性労働の現在について議論して頂ければと思います。それではまず、自己紹介を兼ねて、フリーターズフリーとは何なのかという話をお願いします。

栗田　よろしくお願いいたします。栗田隆子と申します。ここに来てくださった方は、だいたいこの二冊を読んでくださっているかなと期待しているんですけども…。

上野　字が細かくて、年寄りには辛いですね。

栗田　今おっしゃられたように、ギッチリと字の詰まった本なんです。この『フリーターズフリー』を作ったのはここにいる栗田、大澤信亮、杉田俊介、あと今日はここに来られない大阪在住の生田武志です。この四人で出資して、企画、編集、販売を自分たちで行っています。

奥付を見ると、「発売・人文書院」と書かれてあります。人文書院には書店で流通させるための権限をお借りしたり、在庫をいれる場所なども借りていますが、基本的には人文書院から出しているのではなく、フリーターズフリーから出していることを、まず皆さんに知っていただきたいなと思っています。私たちは著者でもあるのですが、同時に、小さいけれども出版を行っている組織です。

私たちは労働とは何かを考えたときに、自分たちで新しい働き方を作ろうと考えた。そのときに、既存の大手の出版社に出してもらうよりも、どうやったら自分たちが流通に関わることができ、その流通の部分を変えることができるかという試みもフリーターズフリーで同時に行っている。だから、自分たちで言葉を出すのと同時に、流通の部分、言葉を出していく経済的基盤を変えていきたいという思いがあって、このフリーターズフリーという事業組合を作りました。

そして、この有限責任事業組合という聞き慣れない名前についても説明しなければいけないと思うんですが、これは新会社法で二〇〇五年に認められた事業形態です。英語だと、"Limited Liability Partnership"（LLP）となります。"Liability"というのは辞書を引くと、負債という意味です。日本語では責任と訳されていますが、「負債」というほうがピンとくるかもしれません。

どんな特徴があるかというと、有限責任というのは、要するに共同出資して組織を作る際に、倒産しても出資した人間は自分が出資した以上の負債を負わずに済む。また法人課税はなく個人課税だけですので、二重課税を防ぐという意味があります。もうひとつは共同労働。たとえば普通の企業だと株主が経営の主体であって、労働者というのは経営の主体とはなり得ないわけですが、この有限責任事業組合は、共同出資・共同労働という形で、経営の主体になることが参加の条件なんですね。ですから、新しい働き方を言葉や表現のみならず、それを組織として作っていく。こういう本を出すにしても、同人誌で出すとか個人事業で出すということもあり得ると思うんです。でも、そうではなく、法的なプロセスを経た組織を作り、あえて流通に乗せるというやり方をとることで、どうやったらオルタナティブな働き方、オルタナティブな流通を作ることができるかという試みの場でもあります。

というのが、フリーターズフリーの基本的な説明になります。説明が長くなりましたが、今度は私自身の自己紹介に入らせていただきます。

自己紹介（栗田）

栗田　今、私は非常勤公務員という立場で、今日も仕事帰りにここに来ました。厚生労働省関係のある研究所の非常勤で、その研究所内の図書館におります。非常勤なので一年契約です。今年の三月はどうなるかわからないという状況です。

フリーターズフリーに私が出会ったのは二〇〇四年の三月ぐらいです。私は独身ですが、いわば「独身女性フリーター」とでもいうべき状態で、結婚するというアテもなければ経済的に成り立つという状況でもなく、どうやって生きていこうかと悩んでいたときに、フリーターズフリーのメンバー――というか後にフリーターズフリーとして活動するメンバー――と会い、自分の状況を言葉として発信していこうという話に自然となっていったんですね。

そこからが大変で、本を出すのに四年くらいかかってしまいましたが、ようやく二〇〇七年六月に『フリーターズフリー』1号が出来上がりました。

1号で私は「女性フリーター」という存在について書きました。フリーターという言葉には、男性名詞・女性名詞の区別はないですが、やはり男性の働き方が変わってきたからこそ注目されてきた問題だという印象を、自分自身がフリーターとして――今もそうなんですけど――感じていたんですね。じゃあ女性はなぜ注目されないのかと考えたときに、結婚をすれば「上がり」、つまり「結婚すればどうにかなる」という感覚に仕向けられている状況があるためかしら、と。

でも、結婚しないとしたら、例えば親を介護しなければいけないという事態になれば、いったいどうなるんだろうと思ったとき、ほんとうに道がわからなくなった。いや、わからなくなったなんて呑気なことを言っている場合ではないと思った。

今、ここで、正直に言うと、このフリーターズフリーで食べていっているわけではありません。でも今の自分の働き方のなかに、なかなか可能性が見出せない以上、なんとかあがいてでも、ある新しい可能性に賭けてみたかったというのが現状です。それがオルタナティブということです。

実は信田さよ子さんと上野さんの共著『結婚帝国　女の岐れ道』（講談社、二〇〇四年）という本を、今言ったような悩みを抱えていたときに読んでいました。そこに「三〇代シングルどんづまり」と書かれていまして（笑）。女性シングルフリーターに対して「不良債権」と書かれているんです。その書かれようには、すごくがっかりしました。あんまり良い言い方はされていないかった。でも、不良債権であろうと何であろうと、生きていかなければいけない。そう思うとき、「こう生きています」という自分の姿を曝す以外に何も言うことができなかったんです。『結婚帝国　女の岐れ道』を自分の進路の答えを見出すためだけに読んでいたのではないにしても、困ってしまった。不良債権と言われても…。でも不良債権の中にこそ改めて可能性を見出さなければ生きていけないじゃないか、と。

ちょうどそういった時に『フリーターズフリー』の話が来て、それでやってみたという経緯もあります。そういう点も含めてまさかこういう日がやって来ようとは思っておりませんでした。上野さんの最近の本を読んで思ったのは、要するに「勝手にやってくれ」というメッセージです。「勝手にやってくれ」という言葉はキツいかもしれないのですが、要するに、ここに答えはなかった。答えがないなら、どうにか自分でやっていくしかない。

それで私は、『フリーターズフリー』2号で編集責任をやらせていただいたんですが、やっぱりフリーター問題というのは、女性労働問題だというところに行き着きました。これはみんなの共通見解です。たとえば1号にフリーターズフリーのメンバーでもある生田武志の「フリーター＝ニート＝ホームレス」という長い論文があります。そこではフリーターの問題はどう考えても女性の労働問題だ、とくに女性がずっと担ってきたパート労働問題を避けて通ることはできないと書かれている。その問題意識を継承して2号を作りました。

その時に、いろんな女性にインタビューしたんですね。神奈川で生協の活動からワーカーズ・

コレクティブ（労働者生産協同組合）を作っていった人や、倒産争議からワーカーズ・コープという、同じく共同労働の形を作って出版業をやりはじめた女性たち、シングル女性たちの共同生活ということでシスター修道女の生活などを取り上げたり、共同討議では現在無年金だという女性とシングルマザーの方と一緒に話をしました。2号のなかでは男性も発言しているのですが、自分たちがどう生きたいのかを考えていくときに、必然的に出会っていったのが女性たちだったというのもポイントです。

ただ、責任編集をやっていくなかで、もしくは1号を制作するなかでも、上野さんの存在は、心のなかで「何か」あったんです。「何」があったのかは、今から説明しないといけないんですけれども（笑）。

上野さんは『当事者主権』（中西正司との共著、岩波新書、二〇〇三年）という本で、「当事者」というのは自分のニーズを一番知っている人間であり、自分の願いを言葉にし、そしてそのニーズを叶え、実現していく主体であるとおっしゃっていますよね。例えば2号で話を聞いた女性たちのニーズと私たちのニーズは、（立場は微妙に違っていても）確かに呼応していると私は思ったんです。でも、今回上野さんと会って、呼応し合うポイントがどこにあるのかが、ちょっと見えないのです。

私信のメールの内容の一部をここで曝すことを許していただきたいのですが、事前に貴戸さんから「質問があったら事前に受け付けます」と言われていたんですね。その時に、ずーっと考えたんだけど、質問という形で聞くということが思いつかなかった。

そして上野さんから前日に、「質問があるように聞いておりましたが」と言われたときに、「すみません。質問が出ないんです」と返したら、「質問が出ないということは、普通は、まったく共感するかまったく接点がないか、どちらかではないか」と言われて、うーん…て。

その「接点」をいかに持つかこそが今日問われるんじゃないか。私はどうしても「ほうっておいてくれ」というメッセージが上野さんのポイントだと思うんです。たとえば『おひとりさまの老後』（法研、二〇〇七年）を読んで感じたのは、ひとりで暮らしているときに、「おひとりで寂しいでしょう？」とか鬱陶しく寄ってくる世間的な声に対して、「いや、べつに、そんな寂しいっていうんじゃありません」と返す気持ちは、とてもわかるんです。でも、一方で、「私は私でやっていく」と言ってやっていく人に対して、何を聞いたらよいのかと。上野さんが「自分は自分でやっていくから」と宣言することにも深いニーズがあると思うんです。しかしそれを自分たちのフリーターの問題や女性のパート労働問題とどう結びつけたらいいのかが見えないんです。

上野　『おひとりさまの老後』を読んで、「ほうっておいてくれ」というメッセージだけを読み取るのはとても一面的だと思います。その裏面がいっぱい書いてあるんですが…。ともあれ、そこに行く前に、簡単な質問からしていいですか？　まず、この二冊の本は、何部出して、どれだけ売れて、採算に乗ったのかどうか、それから教えてください。つまり、事業というけれど、それが成り立ったのかどうかってことから、教えてください。

栗田　1号は三〇〇〇部を刷って、それが完売になり、もう一〇〇〇部刷って四〇〇〇部刷っているというのが現状です（その後、一〇〇〇部増刷）。2号はちょっと多めに三五〇〇部刷りました。

上野　一号は一五〇〇円でしょう？　一五〇〇円で四〇〇〇部捌《さば》けたって、もうだいたいそれで事業規模わかっちゃうけど、普通それで採算を取っているとは言わないですよね。人件費がまず出ないし、原価と流通経費入れたら…。私たちが手弁当で作って、行商している『女性学年報』って雑誌は、毎号一〇〇〇〜一五〇〇部です。一五〇〇部がマックスで、一九〇〇円で売るならば、ほぼ印刷費用の原価、人件費はゼロ。完売してトントン。だから、あれは事業じゃないんです。趣味なんです。でも、『フリーターズフリー』は事業なんですよね。

栗田　そこが食べていけないことと仕事のあり方のひずみというか…。

上野　事業を目指していらっしゃるが、現実にはそうなってないということですね。

それからもうひとつ。フリーター問題が女性問題であるかどうかについてだけど、『現代思想』に「ケアの未来」っていう特集がありました（二〇〇九年二月号）。そこに載っていた、伊田久美子さん（大阪府立大学教授）の「「労働力の女性化」から「労働の女性化」へ」という論文によると、厚労省の定義する「フリーター」によれば、既婚パートはフリーターに入らないという定義をしているそうですね。

栗田　厚生労働省はそうですね。

上野　ということは、フリーターという用語法は、そこから女性を排除するために作られたカテゴリーだというのが伊田さんの考え方ですが。

栗田　私たちは、フリーターという世間に流通している言葉を使いながら、現状をその言葉の中に盛り込もうとしているんです。厚生労働省のフリーター定義では現実を捉え切れていない、と。

上野　たとえば、栗田さんがもし結婚したら、あなたの状態はまったく変わらなくても、あなたはフリーターにカウントされなくなっちゃうんですよね。

栗田　っていうか、今も、もう私はカウントされないんですよ、三五歳ですから（笑）。三四歳までなんですよ、フリーターって。ですから自分自身の存在をもっておかしいと言いたいところがあります。

上野　そうか。厚労省が使う意味でのフリーターという用語法に抵抗しているわけですね。

栗田　はい。

上野　そこから『おひとりさまの老後』には若干距離があるから、もうちょっと間を埋めたほうがいいと思うんですが、『おひとりさまの老後』という本から受け取ったメッセージは「ほうっといてくれ」というメッセージだと読まれたわけね。

栗田　一人でやる。たとえば「寂しいでしょう」みたいな声に対して、一人だから寂しいみたいな、そういう声に対して、ある意味でノーと。

上野　それを「ほうっといてくれ」だというふうに、あなたは読んだんですね。

栗田　そうです。ある意味で。

上野　それが私のメッセージかどうかは、わからないですね。読者には誤読の権利もありますから。

栗田　もちろん。だから、そこは確認したいなと。

上野　抑圧的な視線はごめんだよとは、はっきり言いましたが、それは「ほうっといてくれ」というメッセージと同じかどうかは後で議論しましょう。

自己紹介（大澤）

貴戸　じゃあ栗田さん、自己紹介はとりあえずそこで。次は大澤さん。

大澤　はい。こんばんは、大澤信亮です。肩書きとしては批評家ということになっています。批評といっても文芸批評ですね。二〇〇七年に新潮新人賞というのを取ったので、一応肩書きとしてはそう名乗っています。ただ、それだけでは金には当然ならないので…。

上野　ちょっと聞いていい？　この雑誌（『フリーターズフリー』）って原稿料出てますか？

大澤　ええ、出してます。

上野　ああ、そう。じゃあ、あなた方が企業組合員として書いたことに対しても、原稿料は出てるの？

大澤　組合員の原稿料は出ていないです。その代わり売り上げを自分たちで分配する。労働の対価として事業収入を分配するというかたちです。

上野　それは経営責任に対する分配ですよね。組合員以外の人には、書いてもらったら一頁いくらとか原稿料の支払いはなさってるわけですか。

大澤　そうです。組合員以外には当然。『現代思想』や『ユリイカ』くらいは(笑)。

上野　ああ、そう。私たちの『女性学年報』は完全に無償です。それどころか載せてやるから現物を売ってくれって。

大澤　僕らは一応労働なので。それで生活費はどうしているのかというと、大学の非常勤講師をやったり、あとはずっと前からやっていたフリーの編集の仕事がありまして、それを不定期にやって、年間通しては一応食べていけている。そういう感じです。

　フリーターズフリーへの関わり方で言えば、1号で編集責任をやりました。この雑誌が出来る経緯としては、最初に、ここにいる杉田さんと僕が知り合いで、フリーターについての雑誌が必要だよねということになった。というのは、当時、フリーターという存在が非常に増えているとメディアで伝えられていたのですが、ただ、その伝えられ方が、どうしても「自己責任だ」とか「甘えている」の一色だったんですね。

　僕は、いま三二歳で、いわゆる「ロスジェネ」世代なわけですが——自分自身が『ロスジェネ』という雑誌の編集委員もやっていますが——同期の就職活動をしている人たちを見たときに、たとえば何十社も受けてようやく一社に受かるとか、就職活動している間に精神がやられてしまう。あるいは、ある程度まで行ったところで落とされるという経験を何回も繰り返しているうちに、就活が怖くなったりとか、無理になったり、あるいは結局仕事が決まらなくてアルバイトをやっているという現実がころがっていたんですね。でも、メディアのほうからは、それでもやっぱり自己責任だ、甘ったれているんだ、やりたいようにやっているんだと、ある種のレッテルが非常に貼られていた。

それに対して、問題は社会構造であるということを、最初に東大の玄田有史さんが言ったわけです、『仕事のなかの曖昧な不安』（中央公論新社、二〇〇一年）という本で。で、まあ、そういう問題なんだろうなとは何となく思ったのですが、そのあと少しずつ出てきたフリーター関係の本が、どっちかというと社会学者の現状分析の本だった。もちろんそれも大事なのですが、それだけでものごとを捉えられるのか、とも思ったんですね。もう少し現場にいる人の声を伝えるべきではないかと。それがフリーターズフリーの基本方針になる。

ただ、その時に僕が思っていた現場の声というのは、現在、メディアが伝える「当事者の声」とも違っていた。ある時期以降、フリーターは高齢者や正社員に対して怒っているとか、何々が敵だとか、「希望は戦争だ」とか、そういう言論のなかに飲み込まれていった部分があるんですが、その時点で僕が感じたことはそうじゃないんです。

一方では、自分は何か非常に割りの合わないことを、自分の意志ではなくさせられてしまっているかもしれない。でも、それは自分の責任でもあるだろうし、同時に、自分みたいな存在がいることで誰かに迷惑をかけているんじゃないだろうか、第三世界との関係から見たら自分は非常に恵まれた立場にいるのではないかとか。それを「加害と被害の二重性」という言葉で言ったんですけど、そういう現実があった。このわかりにくさが当事者性だと思うんです。

だから、僕にとって当事者の言葉を伝えるということは、「俺たちは被害者なんだから国が救ってくれ」という話ではなくて、このがんじがらめの二重性それ自体を伝えていくってことだったんですね。そういう言葉というのは、やっぱり、学者の研究書の中にはなかなかない。だからそういう試みをしようと。

フリーターズフリーの認識としては、まず、当然、自己責任とか甘えではなく、社会構造の問題としてフリーターが出てきている。それに対してどういうアプローチをするかというときに、「保障してくれ」というスタンスは一方で必要だと思うんですが、我々はそれを採りたくなかった。今の社会構造をそのままの状態に保存したうえで、どうやって自分たちの生活を安定させるか、とくに、誰かに頼んで自分たちの生活を保障してもらおうという議論にあまり魅力を感じなかったんです。むしろその社会構造を少しずつ変形させていくようなオルタナティブが必要であると。栗田さんがさっきおっしゃった話ですが、そういうものを考える必要があるんじゃないかと。

その時点で僕らが知っていたのは、現存の社会——基本的に我々は資本制社会という軸で捉えていますが——に対するオルタナティブは、ワーク・シェアリングとワーカーズ・コレクティブとベーシック・インカム（万人への最低限所得保障）という、だいたいこの三つがあるという話でした。ただ日本ではなぜかワーク・シェアリングは根付かない。どうして根付かないのかということの意味を、さっきから話に出ている生田さんは考えていました。

ベーシック・インカムの議論も、我々が議論を始めたのは二〇〇三年ぐらいなので、今のように議論が展開されてなかったんです。今も不十分だと思いますけど、当時は、そういうものがどうもヨーロッパで研究されているらしいという紹介本が一冊か二冊あったくらいで、しかも読んでもよくわからない。「そんなことほんとにあり得るのかよ」っていうような話だった。

じゃあ、いまオルタナティブとしてほんとにあり得るのは何かといったときに、ワーカーズ・コレクティブ、あるいはワーカーズ・コープということになるんです。ちょうどワーカーズ・コープとかコレクティブという運動をやってきたのが、主婦や女性たちだったんですね。社会に対して、正規雇用に入ってそこで徹底的に働くという回路から閉め出された人たちが、それでも自分たちの生活圏を作っていくときに、そういう形態を採った。ワーカーズ・コレクティブというのは、みんなで共同出資して仕事を自分たちで作る。お弁当などですけど。そういう働き方があるのだったら、それを自分たちも見習って、そこから社会にアクセスする回路が作れるのではないかと。

だから、『フリーターズフリー』の1号は、新しい働き方を目指すというメッセージ自体を、実際に自分たちがやってみるというのがポイントでした。さっき上野さんに突っ込まれたとおり、決して莫大なお金を上げるというものではまったくないけれども、社会へのコミットの仕方として、お金を絡める形で少しでもバックがあるような、必ずしも儲けられなかったとしても、「じゃあどこに問題があるのか」と示せるような活動がしたいと思ったんです。今の経済システムの中に自力で入ろうとしたときに、どういうところで躓《つまず》くのかを可視化することはできるんじゃないか、そういう目的でやっています。

これが1号のだいたいのまとめになりますけれども、栗田さんの言ったように、そもそも女性の労働をどう考えるのかが、ずっと大きいテーマだったんですね。

正直に言えば、僕は、女性の問題というのはあまりタッチしたくなかった。二つの意味があります。ひとつは、要するにまったくわからないこと、わかった振りはできるかもしれないけれども、自分が女性としてこの社会に生きているわけではないので、何か致命的な勘違いをした人間が、余計なコミットをするぐらいだったら、まず自分を問えというのが、僕がフェミニズムの本を読んだときに一番受け取ったメッセージだったんですね。

田中美津さん（ウーマンリブの活動家）の「わかってもらおうと思うは乞食の心、わかろうとするも乞食の心」という言葉がありますね。むしろ女性の問題をわかろうとする男性のあり方自体に問題があるのではないかと。わかろうとしている暇があるんだったら、自分の立場を切り崩していくべきなんじゃないかと考えていた。だから、直接的に女性の問題に言及はしたくなかったんです。むしろそういう変な介入をするよりも、女性が自分自身で声を上げていって、それによって自分が刺激を受けていくほうが、社会の変わり方としては真っ当だと思っていたんですね。その原則は今でも変わりません。

ただ、それとは別にもう一方で問いたくない理由があって、それは、僕が女性の問題を考えるときに、どうしても手放しで肯定できないというのがあったんですね。その肯定できなさというのは、もしかしたら後で戻るかもしれません。とにかく、そこを自分でもあまり見たくなかった。もちろん、同じ社会に暮らしている人間で、不平等な状況に置かれている人がいるならば、そこに対してはできる限り、自分の偽善を問うかたちでコミットするのが当然だと思うんです。

しかし、2号は栗田さんが責任編集で女性労働の問題をやると言ったときに、何となく女性の権利を守るというか、女性にとって暮らしやすい社会にしましょうね、というスタンスで関わることはできなかった。僕はその手放しで肯定できないという、女性の問題への違和感を持ちながら、自分なりに思うことを言ったり書いたりすることで、問いを深めるとか問いを共有してもらう、さらに願わくば、お互いが変わっていければいいなというスタンスで関わったつもりです。

自己紹介（杉田）

貴戸　それでは杉田さん、自己紹介おねがいします。

杉田　杉田俊介といいます。風邪をひいていまして、意識がもうろうとしています。申し訳ありません。しかも大澤さんの長い話の後で話しにくいんですけど（笑）。

自分は神奈川県の川崎市で、障害者介助の仕事をしています。今はＮＰＯ法人の正規職員です。約七年ほど介助で生計を立てています。最近、上野さんが「ケアの社会学」（『クォータリーａｔ』連載）という非常に明晰な文章を書かれて、全体の状況が俯瞰しやすくなっていますが、自分の年収は大体二〇〇万くらいですかね。今はパートナーと共働きで食べています。あとは余った時間を使ってライター業というか、文章を書いています。たいした金額にはなりませんが。できれば今後も介護の仕事を続けていきたいので、上野さんの「ケア労働者には年収三〇〇万円を」という提言なども、考えながら読んでいます。

フリーターズフリーの活動は、事業体としては、はっきり言って成立していません。基本的な生活費を稼ぎ出せてはいない。とはいえ、本誌の売上だけではなく、人文書院から対談本が出たり、講演やフリーターズフリーとしての原稿依頼も来ますから、間接的な形での収入にはなっています。特に、栗田さんには多くの依頼が来ていますので…。

上野　そういう場合はお金を企業組合に入れるんですか？　それとも完全に個人所得になる？

大澤　両方です。呼ばれ方によって。明らかに個人に来ている場合は個人だし。

栗田　この三人でとか、ユニットでという場合には、ユニットにお金が。

杉田　たとえば今日、もし仮に謝礼が出ていたら、それは事業組合全体の収入になって、それを年度の最後に組合員で分配する仕組みです。とはいえ、ほんと、たいした額じゃない。

上野 この集まりをやっている東大ジェンダーコロキアムは完全無償なんで。おひねりをいただくのに、帽子かなんか回しましょうか（笑）。

一同 （笑）。

杉田 上野さんがシニアハウスについて、それは制度も家族も行政もふくめ、なんのバックアップもないところでシングル女性という絶対的少数派が自助努力で作り出してきた居場所なんだ、そこは譲れない、みたいなことをおっしゃっていて、それに自分なりにグッときたというか、自分たちの活動の初志を思い出したんです。もともとフリーターズフリーも、そういうものだった気がするんですね。

大澤さんも言っていたけど、最初僕らが何かを試みようと集まった時は、世の中の「フリーターは自己責任」という風潮がとても強かった。それに対して、それは自己責任ではなく構造的な問題であると言うべきだと思った。ただし最初から、社会が全部悪い、自分たちは被害者で犠牲者だ、とも言いたくなかった。どんなにささやかで、ほんとにたいしたことがなくとも、自分たちの力で活動の場を作りたい、という思いがあったと思う。本当は任意団体で同人誌を出しても構わなかったのだけれども、LLPというある種の協同組合に近い形式――厳密には協同組合ではありませんが――を選び、商業流通に乗せる道をあえて選んだのも、そういうことです。確かに色々な面倒は生じます。資金繰りや税金の問題とか。でも、そういう社会的な構造をひとつひとつ学ぶための活動でもありたかった。

もちろん、男女のジェンダー格差、親からの遺産継承、あと高学歴ワーキングプアの問題――四人とも大学を出ていますし、相対的に高学歴であるがゆえの文化資本がある――などがあるから、単純に何もなかったと言えるほどの身分なのかは疑問で、上げ底があるんですけども。

それと同時に、自分たちと違う状況に置かれながら、何かを作ろうとしてきたほかの人たちから学びたい、可能なら相互に学びあいたい、という気持ちが初期からありました。自分たちのサバイブの仕方とほかの人々のサバイブの仕方が、まったく立場が違うかもしれないけれど、何かが間接的にであれ響き合えれば、と。たとえばこれも繰り返しですが、フリーターズフリーは、生協活動からワーコレ（ワーカーズ・コレクティブ）に至る活動をしてきた女性たちの存在を、どこかで参照点にしてきました。非正規雇用や周辺労働について考える時、男性労働者中心の協同組合ではなく、また取り分の分配というだけでもなく、性分業のあり方や家族の問題をも常にセットで考えなければいけない、と。2号では神奈川のワーコレ連合の人たちと座談会をしています。

そういえば『思想地図』（NHK出版）の2号は「ジェネレーション」という特集を組んでいるし、大澤さんたちの『ロスジェネ』2号でも、結局実現はしなかったみたいですが、若い人と高齢者の関係を特集する予定があったようですね。そもそも『フリーターズフリー』2号では、企画段階ではジェネレーションの問題をそれほど意識していませんでした。しかし結果的に、高齢層に属する女性たちの話を聞く機会が多くなっている。なぜかはわかりません。自然にそうなったんですね。

そういう意味もふくめ、上野さんがご著書などで紹介されている高齢層の自主的な活動、住居や介護保障をめぐる動きを（僕は障害者介助の仕事ばかりで、高齢者の方たちの実践には疎いんです）学ばせて頂きながら、フリーターズフリーの今後の活動につなげていきたいと思っています。よろしくお願いいたします。

自己紹介（貴戸）

貴戸 私も皆さんとの関わりをしゃべってもいいでしょうか？

上野 あなたのこの方たちとの関わりだけでなく、貴戸さんは、このお三方と私を同席させようと仕掛けた張本人なんだから、まず、あなたの思惑を語っていただける？

貴戸 思惑ですか。

杉田 たとえば栗田さんは、〝おひとりさま〟とフリーターには接点がない、関係を取り結ぶのは難しいという判断だったと思うんですが、貴戸さんは一緒に手を結べるのではないか、と最初におっしゃっていたでしょう。どうして手を結べると思われたのでしょうか。

上野 栗田さんは、接点を探すのが難しいとおっしゃるけれど、栗田さんの三〇年後って、〝おひとりさまの老後〟でしょ？　三〇年なんてあっという間よ（笑）。

栗田　そう言われても、って感じなんですけど（笑）。

貴戸　私がどう関わったかというと、最初に少しお話ししたように、1号に原稿を依頼されて、変なエッセイ（「不登校の「その後」を生きる女性の語りにむけて」）を書いて、それで原稿料を頂いたというご縁で…。

上野　貴戸さんには絶対に変なのは書けない。

一同　（笑）。

貴戸　それまでも杉田さんや栗田さんと下北沢で読書会をやったり、一緒に本を作りたいねという話をしたり、つながりはありました。私は三〇歳まで大学院に通いながら、論文を書いたりエッセイを書いたりしてきたんですが、すごく不安定だったんですね。生活が回らないんです。学費は出さなきゃいけないし、PD（postdoctoral fellow 博士課程所属の特別研究員ポスト、日本学術振興会から給与が支払われる。通称ポスドク）には通らないし、バイトを何個か掛け持ちしながらやっているけど、展望は見えない。この先自分はどうなっていくんだろう、三年後の未来が見えないという感じがすごくあって、不安がいっぱいでした。

研究者を目指す者は、常勤になったりPDに採用されたりすると、いきなり安定するんです。不安定雇用が問題だといろんな研究者が書いているけれども、それはアカデミックサークルそのものが抱えている問題でもある。同じように授業で教えていても、常勤か非常勤かで価値が違う。

本人の心理的なものや、社会的な評価や、もちろんお金が、ぜんぜん違ってくる。これは何だろう、学問的にやるとしても、もっと自分の足元に引きつけて考えないと仕方ないんじゃないかと思っていました。

大学院の中にいると、いかにPDに採用されるかとか、いかに常勤のポストを得るかという、「いかに一抜けするか」の知恵を分け合うというかたちしかない。そうではないかたちを何とか展望することはできないだろうかと、ぼーっと思っていたところに、フリーターズフリーの方たちと出会い、「あ、何かここに次の一歩がある」と思ったんですね。

で、なぜ今日、上野さんとフリーターズフリーを引き逢わせたかというと、単純に両方とも、とても好きだったからです(笑)。それが一番ですね。「仕事をよこせ」というよりも、「生きることが尊重されるような仕事のあり方って何だろう」という観点から考えたときに、そこには、「既存の基準では一人前の労働力ではあり得ないような存在が、大手を振って生きていける社会を展望する」という必然性がどこかで出てくる。その必然性を、私がひしひしと感じることのできる文章を書いておられたのが、上野さんとフリーターズフリーの皆さんだったんですね。そのあたりに接点を見つけることができれば、と思いました。

今までのみなさんの話を聞いて、栗田さんから論点も出たことですし、上野さんはいかがでしょうか。

上野　じゃあ率直な感想から言うわね。この同じ場で三〇分前までやってたのは、上野の大学院ゼミですが、今年のテーマは何を隠そう「市民事業体・NPO・社会的企業」というもので、一年間やってきて今日が最終回でした。やってみると何がわかるかというと、その担い手たちの労働が、いかに女性労働であるかということ、かつ、それがいかに女性差別労働であるかということが結果としてわかった、ということになります。

フリーター問題っていうのは、フリーターというのがジェンダーレスな言葉として使われてきたために、女性を置いてけぼりにしてきたんだけど、「フリーターズフリー」の方たちは、最初から、「フリーター問題は女性問題だ」と主張してきて、女性労働の問題をフリーターという概念で可視化したというのは、ものすごくうれしいことだと思います。それは私が長い間やってきたことと重なっていますから。これまでそういうことは女しか問題化してこなかったのだけれど、「フリーターズフリー」では男性も女性もそれを問題として扱いましたからね。

高学歴ニート・フリーターに関して言うと、私は三〇年前、そのはしり中のはしりでした。しかも、労働意欲も学習意欲も両方ともなかった人間なので、貴戸さんが、三年後の未来が見えないって言ってたけど、私の大学院生時代は三ヵ月先が見えなかった（笑）。それで、「分け合う」っていうのを聞いたとたんに、思い出したことがあります。四〇年前の京都大学には、院生のあいだに奨学金プール制度というのがありました。奨学金って、もらっている人ともらわない人の落差が大きすぎるんです。ですから、もらった人は奨学金をプールして、同期の院生の間でイーブンにシェアするという驚くべき制度があったんですが、やがて個人化・個別化が起き、その制度が廃れていき、それがやがてPDに変わると、格差がもっと大きくなるという結果になりました。

今の大学院生の中で、いかに一抜けしてPDポストや研究職をゲットするかというところに競争が還元されるのは、今のキャリアの女性労働者に感じることと同じです。やっぱり高学歴であればあるほど、競争意識を内面化していますから、ゲームの土俵の上でサバイバルしていこうとするでしょう。皆さん方は、大学院を出ているということで、一応高学歴でしょう。

栗田 どうなんですかね。そこらへんは（笑）。

杉田・大澤 うん、まあそうかな？（笑）

上野 そういう人たちが、「分け合う」とか「繋がる」ということを考える契機はいったい何だろうなっていうのを、あとで聞いてみたいなと思うのね。私は一般にエリート女はフェミニストになりにくいと思ってるんですよ。でも、私はエリート女でしょ、はっきり言って（笑）。

一同 （笑）。

上野 エリート女がすべてフェミにならないわけではない。でも、フェミになる蓋然性が低い。なぜかというと、自分の成功と失敗を個人化する人びとは、決して「繋がる」とか「分け合う」

という発想に行かないから。そして「繋がる」「分け合う」という発想に行かない人たちは、決して運動の担い手にはならない。私がなぜそうならずに済んだのかということについては、また別な事情があって、これについてはちょっと説明しなければいけませんね。

栗田さんが『おひとりさまの老後』を「ほうっといてくれ」というメッセージだと読み取ったのは、ふう〜ん、そうなのかな、と。そんなふうに書いたつもりはないんだけど、というのが著者としての言い分です。たとえば「おひとりですか、お可哀想に」というのは「家族をもたないおまえは、半端者だ」ということですね。これって差別です。結婚してないあなたに対して、「いつ結婚するの？」「なんで結婚しないの」というのは、抑圧的な眼差しですよね。標準から逸脱した者に対する差別的な眼差しなので、差別に対しては御免こうむるということは、はっきりと書いてあります。それが「ほうっといてくれ」という解釈につながるのかもしれませんが、この本にはそれ以上のことも書いてある。

栗田さんはね、三〇歳過ぎて、結婚もしておらず、まともな仕事にも就いていない女は社会的には透明人間、見えない存在だとおっしゃるでしょう？　私は社会学者として反論するけどね、私たちの世代では三〇代の非婚者は五％を切っていました。今は三割です。数ってものすごく大きな力なんですよ。栗田さんの世代では、非婚の女は目に見える存在になりましたよね。私どもの世代で三〇代の未婚の女は、「オールドミス」「嫁き遅れ」「嫁かず後家」などありとあらゆる差別語で呼ばれ、見えない存在どころか、世の中にあってはならないもの、実家にも社会にも居場所のない存在でした。

私は、今でも覚えていますが、私どもの世代は初婚年齢が若かったんで、二〇代の前半で雪崩を打ってみんな結婚したから、二〇代後半から三〇代前半の女は街角や職場から消えちゃったんですよ。ほんとに文字どおり、潮が引いたように消えてったんです。ある日、街を歩いていて、わたしと同世代の女が影もかたちも見えないことに、彼らはどこに消えたのかって思いましたもの。その先は家庭なんですね。ほんとに社会的に目に見えない存在でした。二〇代後半や三〇代前半の女が職場にいたり、街をデイタイムに歩いていたら、見えないどころか、あってはならない、抹消されなければいけない存在でした。つまり家庭にいるべき女が露出しているわけだから。

そういうことから考えると、何はともあれ語られる対象となるぐらいの、目に見える量的なボリュームがあるだけでも大きな変化だというのが私の感想です。その人たちも、今は三〇代でも、三〇年経てば六〇代になる。私の年齢になります。そんなに長くないですよ、ほんとに（笑）。そうすると、「おひとりさまの老後」を、遅かれ早かれいずれ必ず迎えることになります。私と皆さん方にいくらか時差があるだけで。もちろん時代環境の変化はあるでしょう。でも接点はあるに違いないと思う。その時、私のメッセージに「ほうっといてくれ、私のことは私でやるから。自助努力でやるから」とは一言も書いてないはずなんだけど。

ほうっといてくれ

栗田 じゃあ、ぼちぼちと説明をさせていただきたいと思います。

上野 はい。

栗田 ちゃんと「ほうっといてくれ」まで行くんですけど、まずは五%と三割の部分についてのコメントを先に。で、そこから「ほうっといてくれ」の話に行きます。たしかに、私、『フリーターズフリー』1号でも書きました。ある意味で、贅沢貧乏と言いますか、つまり昔は、今、上野さんが言ったように三〇代女性の非婚率は五%…?

上野 未満ですよ、五%未満!

栗田 ということは九五%以上の女性にとって、結婚はもう当たり前だった。うちの母親が上野さんよりもうちょっと上なんですが、要するに、東京生まれの女の子は、エレベーターガールかデパートか、銀行か、ちょっと容姿のいい子だと今のフライトアテンダントになるか、この三つぐらいしかなくて、それがある時期が終わったら潮が引くようにみんな結婚していくと話していた。そういうなかで、たしかに私のような存在が増えていったっていうのは、ある意味で贅沢なことだと、既に1号で書いています。

上野 私、贅沢って言ってないよ。

栗田 私が贅沢って言ったんです。

上野　ああ、そう。

栗田　選択肢が増えたというか、選択をしないでいられる期間、とりあえずモラトリアムが長いという意味も含めればね。ただ、なんで透明かと言ったときに、次の一歩がないと私は思ったんです。結婚をしていない、就職をしていない。どうも「ない」という言葉で自分を語りがちで、そこに、「何をしている」というオルタナティブな一歩が自分自身の説明にできない。これが私が透明人間だと言う理由です。自分を否定しているのではないけど、「ではない」という言い方でしか、私は自分を表せない。

で、いよいよ「ほうっておけ」という話に、核心のところに行かなければいけないんですけれども、私は〝おひとりさま〟たち、つまりここにいろいろ出てくる人びとすべてが「ほうっとけ」というメッセージを出しているとは思いません。

たとえば、私、これを読んで一番びっくりしたのは、知り合いが出ていたことです。NPO法人「COCO湘南台」の西條節子さん。私が不登校をしていた折に、彼女がそのときに理事長をしていた藤沢育成会という団体が運営していた知的障害者の施設で、ボランティアとして通っていたことがあるんです。私は高校に行ってなくて、それこそ居てはならない昼間の時間にブラブラしているときに西條さんやその施設に通っている人達と出会って、とても力を得た経験があります。『おひとりさまの老後』に出てきた女性たちが、フリーターに関わろうと意図しなくても関わる要素はありうると、かつての自分の経験からも思いましたし、上野さんの本を通して西條さんに再会した際にも改めて感じました。

　ただ、やっぱり、上野さん個人の感覚については、私の読み込みすぎかもしれませんが、何かが気になるのです。たとえば先ほど杉田さんが挙げていた「ケアの社会学」のなかに、秋田県旧鷹巣町でいかに福祉が栄え、そしていかに沈みかけてしまっているかという話がありますよね。鷹巣の失敗は、福祉が行政に依存しており、それが選挙で指揮する人間が変わったことにより運命がガラガラ変わっていってしまったと書かれていた。生活者の主体に依存しているのではなく、行政に依存したことにより福祉が沈んでいったと上野さんは分析している。

　その最後に「行政には期待しない。私たちがやることの邪魔をしないでくれさえすればいい」と書かれてありました。たしかに、これは行政に向かって言っている言葉であり、私に対して向かっているわけではない。でも、私が上野さんに何か意見を伺おうとすると、依存する気はなくてもそのように受け取られてしまって、「ほうっとけ」っていわれるような印象をうけるのです。上野さんに例えば、「私は今後の展望どうしましょうかね」という話をしたら、「いや、あなた自分のことは自分のニードで考えてください」って言われる「気配」を感じてしまったというところがあるんです（笑）。

上野　気配っていうのは文章じゃないものですよね。行間から読み取ったわけですね。

栗田　たしかに文章で証明しろと言われても一文字も書いてない。「ほうっとけ」っていうのは、あくまで差別者に対して言ってることだとおっしゃるけれど、『結婚帝国　女の岐れ道』では、独身のうだつの上がらない女性は不良債権と現に書かれている。では仮に私が今すごく困っているとして、私が「どういうふうな展望をもったらいいですか？　オルタナティブを考えたらいいですか？」と上野さんに聞いたら、「自分で考えろ」と言われるような「気配」を感じる。

後続をつくる

上野　話が面白くなってきたねえ（笑）。気配、正しいと思います。

一同　（爆笑）。

上野　ちょっと言っておきますとね、『おひとりさまの老後』が「ほうっといてくれ」というのはね、確かに抑圧者にはほうっといてくれと言っているが、だけども自助努力でやっていけとは一言も書いてないんですよ。「共助け」はどうしても必要だと書いてある。そのために、それを支えるシステムは不可欠だと書いてあるの。

この本の中では制度論はやっていないけれども、『ニーズ中心の福祉社会へ――当事者主権の次世代福祉戦略』（医学書院、二〇〇八年）を中西正司さんたちと共著で書いているなかで、私が断固として政策的に主張しているのは、年金制度と介護保険制度は絶対死守すべきだと。年金制度も介護保険制度も、出資金はみんな自分たちで出してるわけで、保険事業、年金事業というのは、基本的に共済事業、つまり「共助け」なんだと。だからべつに行政に救ってもらっているわけじゃなくて、自分たちが「共助け」のために国民的な共済制度を作ったわけ。だからそれを死守すべきだと私は思っている。年金制度や介護保険制度を冷笑する人たちが若い世代にいるとしたら、その人たちは自分で自分の首を絞めるんだよって、このことははっきり言っておかなければいけない。そこまでは公然と言いましたが、だけど、その言葉の中には出てこない、行間の気配はあります。

それはどういうことか。たとえばこういう比喩の仕方をしましょう。

私よりももっとラディカルなリブの人たち、その人たちに、あなた方のやったことは結局後継者を生み出さず、若い人たちには届かなかった、そのことにあなた方はどう責任を取るんですか、って説明を迫る人たちは、いっぱいいます。田中美津さんに、「昔書いた本でさんざんリブのメッセージを発信してるのに、今では鍼灸師しかやってないじゃないですか、あなたは」みたいなことを言う人がいるんですね。

だけどラディカルなリブの人たちが、きっぱりはっきり言うのは、リブは自助努力のためにやりました、ってこと。自己解放とも言いましたがね。自助努力といってもひとりでやるものではなくて、自分たちの「共助け」のためにやりましたと。それから後に来る世代が、私たちを救ってくださいと言うけれど、自分たちが置かれた環境も条件も、今の人たちが置かれた環境と条件とはまったく違ってる。私たちがやったことと同じことが、その人たちにできるわけではないし、同じことをする必要もない。自分たちは自分たちの課題に取り組んできた。歳を取るたびに課題もどんどん変わっていくから、年齢にしたがって新しい課題に直面していって、その課題をひとつひとつ解決していこうとしている。

そのことに精一杯で、後続の世代が、自分たちの背中に学ぶのは本人たちの勝手だが、振り向いて教える関係にない、と彼女たちはきっぱりはっきり言うでしょう。そのきっぱりはっきりに、私自身が若干ためらいを覚えるほどに、きっぱりはっきり言う人たちがいます。私は、その態度は基本的には正しいと思っているんです。私たちがあなた方に教えることはない。あなた方が誰かに教わることはあっても。

批評家の柄谷行人が「教える」ということについて書いているように、「教える」という行為と「教わる」という行為には目も眩《くら》むような落差の非対称性がある。「教える」ことはじつは困難なんです。「教わる」ことしかできないんです。私たちもそうやってきたんです。だから、リブ世代の人たちが言う「後続の世代から、責任がないと言われる理由なんて何もない」と言うのは、私もどこかでそう思っていて、それが気配に出るのかもしれません。

栗田　たぶん、そう思いますね(笑)。

上野　それって何か問題がありますか?

栗田　ええ、問題があると、何となくあると思って…。

上野　それを言ってみて。聞きましょう。

栗田　私は、ここからがほんとは核心なのに、核心過ぎて、なかなか言葉にできないんですよ。

今こんなところで一〇年前の恨みを言うのも何なんですけど、まだ上野さんに恨みがあるんです（笑）。さっきの不良債権という発言もそうですが、たぶん『ザ・フェミニズム』（筑摩書房、二〇〇二年）という本に収録された、関西での小倉千加子さんとの第一回目の公開対談に行ったんですね。

上野 行ったんですか。

栗田 行ったんです（笑）。当時、関西に住んでおりましたので。それで、その頃から上野さんはスタンスが変わってないというか、フェミニズムというのは自分の必要なことを自分で伝えていくのがベースだという話をされていたんです。そこで、「でも自分の必要を自分で口にするというのはとても難しいことではないんでしょうか」と言ったら、覚えてらっしゃらないと思うんですけど、それまで雰囲気のよかった上野さんが、私の発言を聞いた途端すごく雰囲気が悪くなったというか…、怒られたんですよ（笑）。

一同 （笑）。

栗田 ええ!って。何で怒られたのかいまだにわからなくて。「自分で自分の必要を言うのって難しくありませんか」と言ったら、「そうなんですか!?」と返答されて（笑）。だから、教えると教わるの落差というところに納得する反面、その「自分で自分の必要を言う」という姿勢やその怒りに釈然としないものがあるんです。

杉田 最初の話に出ていましたが、厚生労働省的な男性フリーターの定義（年齢一五歳から三四歳で、在学していない者のうち、以下の条件を満たす者。1、現在就業している者については、勤め先における呼称が「アルバイト・パート」である雇用者。2、現在無業の者については、家事も通学もしておらず「アルバイト・パート」の仕事を希望する者）に対して、専業主婦でもパート主婦でもキャリアウーマンでもない、そういう定義には位置づけられない女性たちがある程度存在している。にもかかわらず、その人たちの生き方が見えてこない。そういう人々を栗田さんは「女性フリーター」と呼ぶ、ということですよね。それは通常の意味での「女性フリーター」という言葉を書き換えている。それに対して、先ほど上野さんが、栗田さんも三〇年後は私と同じ歳になるわよ、とパッとおっしゃったんですけども、栗田さんにとってはそこに接続できないというか、単純につなげるわけにはいかない、その「三〇年」が想像の閾値《いき》を超えている、ということではありませんか。

上野　私だって三〇代の時は、三〇年後なんて想像を絶してましたからね。

杉田　それは栗田さん固有の問題ではなくて、似たような立場に置かれた女性たちがそれなりにいて、何とも語りがたい匿名的な沈黙がある、ということですよね。

栗田　うーん、そうなんですけれども、ただそれだけでもない。

私があなたたちに教えることはできない、自分たちで学ぶことが、学ぼうとすることができるだけだというのは、一見とても正当な意見のような気はするんだけど、でも活動しているということは、リブにしても、やっぱり社会的な共鳴を求めていたのではないか。田中美津さんの本にもありましたが、お正月も休まずビラを撒く、そのような姿を見て「教えて欲しい」というときっぱりと拒否されるという不自然な感じをどう表現したらいいんだろう…。こんな性的な表現をするのは嫌なんですが、挑発されてそれに乗ると手を引っ込められちゃうような、そういう不思議さがある。

徹底的な差異

大澤 教わることしかできないっていうのは、たしかにそのとおりだと思うんです。その教わるってことで言えば、僕にとってのフェミニズムというか、女性労働の問題について考えるときのベースが、上野さんの『家父長制と資本制』（岩波書店、一九九〇年）なんですね。ある意味それ以外にないのかというのが自分の不勉強なところなんですが。ともかく、そこから僕が何を一番学んだかというと、徹底した差異の認識だと思うんです。

補論などで書いてあることですが、要するに、いまの段階で下手に男性が女性にすり寄ってくるように見えたら、そういう男性は基本的に信用できないし、女性の側も中途半端に男性と手を結ぼうとするなら、そいつらは敵だみたいな、けっこう激しい言葉が書いてある。

上野 書いてありますね。

大澤 僕はそれはすごく大事なことだと思っています。もうひとつ大事なのが二八八頁で――ここに持ってきているんですけど――労働について上野さんは、「問題なのは「労働」概念からの解放である。それは同時に、人間の行為の新しい編成の提示である」と言ったうえで、自分が言うのは意識変革のようなものではなくて、労働というもののあり方が変わることだと。女性にとっての再生産労働も変わるべきだし、男性にとっての労働も変わるべきで、要するに自分が社会の構成、役割を担っていること自体が、お互いの関係のなかで変わっていって初めてそこでフェミニズムの目的は達成されるんだ。そういうものがない状態で手を繋いでいるというのは嘘なんだ、という意味のことを書いている。

正確に引用すればこうです。「「再生産労働」の概念を疑い、それをつくり変えるということは、たんに理論的な枠組の変更だけを意味しない。家父長制的資本制が女性におしつけたこの役割を、疑い、つくり変える、ということを意味する。／それと同じように、女性が「労働」の場に参入していくことが、男性と同じ「労働」疎外のもとに置かれることであれば、何の意味もない。女性の「労働」参加は、「労働」の意味のつくり変えを、不可避的に要請する。逆にまた、「再生産」への男性の参加が、現在母親が行っているのと同じことを生産／再生産の分業下で行ない、男の母親化をもたらす――子供にとっては一人の母親の代わりに二人の母親が登場する――のにすぎないのなら、たんなる役割の交換や男性の育児参加はそれ自体では何の意味もない。性支配と世代間支配のもとにおかれた「再生産」を、その功利的な目的―手段の系列から解き放つような「再生産」の質の変更を――そこではもはや、子育ては「再生産」とは呼ばれないだろう――

もたらすのでなければ、家父長制をゆるがすことにはならない」と。

上野　いいこと書いてるねえ（笑）。

大澤　いや、まったくいいことを書いているんですが、ここから攻撃に行きます。

最初のテーマですが、おひとりさまとフリーターが手を結べるかという話で、以前の上野さんの感覚だったら、そこまで簡単に「手を結べるんじゃないか」という方向に行かないのではないかと思う。手を結ぶと言ったときに、『思想地図』のインタビューの最後で「敵は連合である」という言い方をしていますよね。その言い方って、じつは「希望は戦争」と言った赤木智弘君も、最近は連合が敵だとよく言っているし、あと城繁幸（企業コンサルタント、著述家）という人がいて——多少付き合いのある人だからあんまり言いたくないんですけど——彼も非常に連合叩きをやるんですね。城さんの意見は明らかにネオリベです。そういう人たちと上野さんの主張がなぜか自然と似てきてしまう部分がある。

それともうひとつ、上野さんが今、あなたも三〇年経ったらこうなるのよと言った。でもそれは僕にとっては繋がっているということじゃないんです。敵を一緒に作って闘うとか、あなたもいつかこうなるわよというかたちで繋がる連帯は、繋がりではない。本当は今ここに居る三〇年経っていない栗田さんと、三〇年経った上野さんが同時的に何か議論をして、しかも、そこのなかで差異とか非対称性のダイナミズムを運動のなかにもたらしていくというのが、僕にとっては「繋がる」ことだと思っているんです。

さらに、その条件というのが、一番大事なことだと思います。上野さんはさっき、私はそこまで自分の成功を個人化しないとおっしゃっていた。実際、今ここで会えば、そういう人なんだろうなと思いました。でも、やっぱり『思想地図』の文章を見たときには、「私たちの世代っていうのはプラスもないしマイナスもないけれども、自力でやったんだ」ということを主張している。上野さんは団塊の世代とはちょっと違いますか？

上野　いえ、団塊そのものですよ。

大澤　ですよね。その人たちはそういうふうにやったんであって、そのことについてどうこう言われたくないと。これもたぶん、栗田さんの疑問とも繋がってくるんだけど、今の人たちは今の人たちでやるべきじゃないかということだったと思うんですね。

そういう言い方をするときに、やっぱり上野さん、自分の成功を個人化というか、自分が頑張った結果なんだからこうなっていて、それをどう自己処理するのも勝手でしょという感覚がある気がするんですね。もし違ったら言ってください。

さっき上野さんから投げられた疑問で、あなたたちは大学に行っていて——まあそこそこの大学に行ってますよ——それでなぜ分配とか協同という発想になるんだ。結局、エリートというのは、失敗も成功もすべては自分の結果なんだという形で了解するから、なかなか繋がろうとする回路がないんじゃないかとおっしゃっていましたが、じつはそこに盲点があると思っているんです。たとえば、資本制社会のなかで、ある個人が自分の力だけで勝ち得ることなんて絶対にあり得ない。言葉の問題ひとつ取っても、自分の言葉を言ったときに、それが届いたことで関係性を作った人たちがいる。

自我が肥大すると、自分は自力で何もかもやっている気になるかもしれないけど、むしろ自分が馬鹿にしているような存在によって自分が生かされている、そういう現実があるんです。その認識を徹底的に、たぶん僕は、フリーターズフリーで、とくに栗田さんという存在に味わされた。正直、僕が最初に栗田さんと一緒にやっているときに、中途半端に僕は編集の仕事をしてきたもので、文章をまとめるとかそういう作業レベルの仕事はできたんです。で、栗田さんは誤字も多いし、文章も変で、テープ起こしをしてきたのとか、よく読めないんですね。それを書き直さなきゃいけないとか、いろいろやっていたときに「なんでこの人は」と正直思ったこともあったんだけど、でも、一緒にイベントをやるときには、栗田さんがいるイベントはなぜか成功する(笑)。僕のできないコンピュータを使う作業ができるとか。ふつうこういうのは男のほうができそうなものですけど。

その過程で、自分の全能感がむしろ崩されていって、お互い自分にない部分を引き出されていくという経験がすごく強くあったんですよね。だから、そういう現実の相を認識していなくて、個人にすべてを還元できると思っている認識こそが、僕は非常に甘いと思います。ただ、それを自分が今話している言葉とか、活動とか、すべてのなかに組み込んでいくというのがまだどういうことなのかわからないから、模索してますけど。

ああ、なんかしゃべりすぎましたね、そういうことを考えているんです。

上野　いろんな論点がありすぎて、まとまりませんね。

私が出す解はあなたの解にはならない

貴戸　すみません。司会が機能してなくて。いろいろあると思うんですけど、べつに上野さんがフリーターズフリーを呼びたいと言ったわけでも、フリーターズフリーの皆さんが上野さんと対談したいと言ったわけでも何でもなくて、私が両者に逢いたいって思ったという、それで設定された場なんです。

上野　いくらか誤解がありそうなんで、付け加えさせて下さい。

三〇年経ったらあなたも私の歳になるのよって言ったのは、年齢に関してはそう言えます。ただし、三〇年後の条件は今とまったく違うので、今の私たちと三〇年後のあなたたちが繋がれるかとか、教える・教わるという関係がありうるかとかに関して言えば、今の私たちが一生懸命出している解は、あなたがた三〇年後の人たちには当てはまらない。それははっきり言っておきます。それはちょうど、私たちの三〇年前の世代が、老いに直面したときに出した解が、私たちに当てはまらないのと同じように。だからその点では、教えるっていうのは、はっきり言って大きなお世話であって、そこから功罪両方ともを学んで、反面教師だろうが何だろうとどっちでもかまわないけど、自分流儀の解を出すのは、別の条件のもとに置かれた人にとっては、ぜひとも必要なこと。それが「歴史に学ぶ」ってことですから。

ところで栗田さんの私怨ですけどね（笑）、どんなやり取りしたかは私はまったく記憶にありませんが、何て言ったんでしたっけ？　どういう言葉だった？

栗田　自分の必要を自分の言葉で伝えるのは難しい。

上野　うん、なるほどね。その時の私の反応は、中西さんと出会って『当事者主権』を出した頃なんで、一貫しているとつくづく思います。『当事者主権』を出したときに、あれはエリート障害者の本だと言われたんです。自分のニーズをはっきり自覚し、それを主張できる人にしか通用しないと言われた。自分のニーズを自覚することができず主張することもできない人には当てはまらないって、よく言われたのね。

自分のニーズっていうのは、自明のものとして自分の中に言葉としてあるのか。私たち自身が何やってきたかっていったら、フェミは初期の頃、コンシャスネス・レイジング・グループ（意識覚醒グループ）をやってきたんですよ。そこでわかったのは、自分が何者であり、どんな必要があり、何をしたいかっていうことは、聞き手がないと生まれないんだということ。それが私たちの原点です。自分が何であるかは聞き手がないと出てこないというときの、基本は二つあります。

ひとつは、それを語るのは、あくまでも本人、当事者であるべきで、誰も代弁も代表もしないし、できないし、すべきではない、という考え方。それが基本。

もうひとつは、誰が聞き手として相応しいかということ。私は、セルフヘルプ・グループみたいな当事者団体が出てきたのは、とても良かったと思う。セルフヘルプは「自助」という意味だけれど、ほんとはピア（peer 仲間）による「共助」ですね。たとえば栗田さんが自分のニーズを本当に語りたい、ごまかしなしに語りたいと言うとき、最も良い聞き手は誰だろうと考えると、私がその最も良い聞き手になれるかというと、あまりそうは思わない。それはね、ピアだろうと思う。同じ条件や環境や苦難や困難を共有した人たちのあいだで、あなたの声は最もよく聞かれるでしょうね。

たとえば、私たちの『女性学年報』っていう雑誌は、今年で三〇周年を迎えました。毎年毎年ほんとに綱渡り状態を続けてきて、毎年続けるかどうかが議論になるんです。でも、「継続は力なり」とか「続けることに意義がある」とかって、私たち思ってないんです。あのスタイルとやり方は、その時期・その世代の担い手たちが、限られた選択肢の中から生み出したものだった。『女性学年報』があるのに、同じ担い手集団の若い女性たちのなかから『駄フェミ屋』って、見た目からして全然違う雑誌が生まれました。前者はアカデミックなスタイルを踏襲してきたんですが、後者は最初からそんなのぶん投げてる。スタイルも違うしやり方も違います。で、前者に依拠しているおばさまたちには、「せっかくこういう媒体があるのに、どうしてあなたたちは私たちのところへ来ないで、わざわざそんな分派活動するの」って言いたい気持ちが、どっかにあるかもしれません。だけど、それこそ大きなお世話ですよ。

既存のスタイルに乗らない、あるいは既存のスタイルでは届かないメッセージを届けるために、自分たちの手で自分たちの媒体を作り上げたっていう点では、『女性学年報』のやったこととあなたたちのやったこととは、似ています。定価をつけて売り物にしていますが、どちらも全然事業にはなりませんね。

そうすると、その読者である私は何なのか。私はあなたたちのメッセージを聞くけど、あなたが宛てたメッセージのあて先は私ではない。それは立ち聞き、漏れ聞きなんですね。三〇年の年齢差っていうのはすごく大きいですね。時代も環境も変わってるし。だから、三〇年後あなたが歳を取るのは確実かというと、それもわかりませんよ。生きてられるかどうかもわからない。その時に直面する課題や問題は、私が現在抱えてるものとは違うものだから、私が出す解はあなたの解にはならない。それは全然違うはず。だから自分で考えてね、ということになるのは当然でしょう。

「労働」そのものを変えていく

栗田　ピアという話が出てきましたが、ピアの中ではまず、言葉を出していくという経験が、たぶん大きいことになってくるんだろうと思います。

上野　ピアっていうとき、フェミはね、はっきり言って男をピアに選ばなかった。男にピアの資格がないと思ったから。だから、あなたがたがこういうふうに男女共学でやっておられて、しかも男性たちが、女性の声に耳を傾けているらしい。時代が変わったな、と思います。私たちは男にピアとしての資格を与えなかっただけでなく、ピアから積極的に排除しました。排除しただけで男は怒ったけどね。排除するだけの理由があったからです。そうじゃないと言葉が出てこなかったから。男がひとりいるだけで、女の言葉が変わったから。そういう経験を経たあとのことだっていうのは、知っていてもらえればうれしいです。

栗田　言葉が出なかった相手が何者かっていう論点もあるのではないかなあと今の話を伺って感じました。つまり私にとって誰が相手では言葉が出てこないのかを知ることも、大事になってくるだろうと。上野さんたちの男の人を相手に言葉が出てこなかったという話を受ければ、私は逆に誰に対して言葉が出なかったのかを考えてみたい。

杉田　フリーターズフリーの中は全然ピアではないと思います。

上野　あ、そうなの？

杉田　論争とかが絶えなくて。

上野　ピアって論争するものよ。

杉田　いや、そういうことでもなくて…。理解し合ってるのかな…、わからない（笑）。

貴戸　1号の続編で『フリーター論争2・0』という対談集が出たんですけど、そこで女性の問題を語ろうということで、私と栗田さんと雨宮処凛さんとが同席して、女性でシンポジストを固めた会をやったんです。そこで栗田さんがおっしゃっていたのが、すごく私は印象的で、「あ、よかった。今日は女性の声を代表しないで済む」と。

語りが「誰を相手にするのか」というのはすごく重要ですね。語りっていうのはたぶん、ひとりでバーッと語るんじゃなくて、場を必要とするものだと思います。

上野 その前にもうひとつ。さっき大澤さんが言ったことで、私が自分の本のなかで「労働概念を変える」と言っていたということね。へぇえ、私、昔そんないいこと言ったんだなって（笑）。あなた方はフリーターは女性労働問題だとおっしゃる。女性というジェンダーと労働というキーワードですが、ここの労働はね、「レイバー」なんですよ。マルクス主義の労働概念ははっきりレイバーなんです。マルクス主義は「ワーク」って言葉を使いません。レイバーはね、苦役なんです。苦しい営みなんです。「陣痛」とも訳しますからね。それを変える、と。

八〇年代の後半、バブル期の真っ最中に、いろんな人たちが新しい働き方の実験をやりました。豊かな社会だからこそ新しい働き方ができると。豊かでなくなって、バブルがはじけて不況になったら、そんなの全部吹っ飛んでしまって、誰でも残業もしなければいけない、無理な仕事もしなければいけない、過労死もしなければいけないとなったかと思ったら、最近になって、もう一度、ワーカーズ・コレクティブやワーカーズ・コープのような、マイナスの集合だったのを全部逆転するような新しい働き方が、もう一度あなた方の関心によって再浮上した。企業組合もそのひとつですね。それに深い感慨を覚えました。
ちなみに言っておくと、今年のゼミの主題のひとつだったんですが、ワーカーズ・コレクティブとワーカーズ・コープとは、歴史的に言って仲が悪いんです。ワーカーズ・コレクティブは既婚女性、どちらかというと高学歴・高経済階層の主婦たちが始めた新しい働き方であるのに対し、ワーカーズ・コープは労働組合などの中から出てきた男性の失業対策のようなもので、出自がまったく違うんです。似たような言葉で呼ばれてるのが不思議だっていうぐらい違うんだけれど、この不況期になって両方ともが脚光を浴びてきました。両者の違いよりはむしろ共通点のほうが再発見されるようになってきて、両者が接近してきた。そうなると「新しい働き方」っていうのは、豊かな時代の豊かな人にだけ与えられた選択肢だったのではなくて、そうじゃない時代に、もうひとつの選択肢として浮上してくるような「ワーク」のあり方なんだと。
だから私は、日本共産党のように、パート労働者をすべて正社員化せよとか、非正規雇用者を正規雇用者にせよとかいう着地点に持っていくのが解だとは思っていないんです。むしろ「新しい働き方」という考え方を、もう一度、模索してもらいたい。その可能性に注目しているのがフリーターズフリーなんでしょう。あなた方は実践者ですからね。
栗田 しかし現実は、食べていけてないという矛盾がいっぱいあるんですけど（笑）。
上野 あなた方の次の段階がどうなるかということに、興味があります。
栗田 ここで、また智慧を貸してくださいと（笑）。ほんとにこう…。

大澤　教えてほしい（笑）。

栗田　また、教えてくださいということになるんですけど（笑）。

上野　その時にはね、共闘できると思う。私が知恵を貸す貸さないじゃなくて。たとえば2号でも、国澤静子さんっていう高齢の既婚女性の方と共通点を見出してるでしょ？

栗田　今日いらっしゃっています（笑）。

上野　はい。この時点で、年長の世代のその方たちとの対話が、今だから成り立ったというような歴史的な邂逅がありましたね。教える・教えられるじゃなくて、共闘のできる関係だと思います。やってみないと共闘が成り立つかどうかはわからないけど、成り立つ根拠はあると思う。

貴戸　至らない司会でしたが、手を繋げるかというタイトルを提案させていただいたのは私です。その提案が受け入れられて、こういう会になりました。手を繋げるかどうかは今後にかかってくるという月並みな結論しか出ないんですけれども、架橋できるポイントのひとつは、「既存の労働への参入」ではなく、「労働そのものを自分たちの手で新たなかたちに変えていく」というところだと思います。みなさん今日はありがとうございました。

2

労働にとって「女性」とは何か

村上潔×栗田隆子×生田武志

2009年1月31日　ジュンク堂大阪本店

出版流通の問題

生田　みなさん、お越しいただいてありがとうございます。今日は『フリーターズフリー』2号の刊行イベントとして三人のトークをやらせていただきます。1号を出して以降、東京でいくつかイベントを行なってきましたが、関西では今回が初めてということで、ぼくたちも非常に楽しみにしてきました。今日は、組合員の栗田さんと、2号の巻頭セッションでご一緒した村上潔さんに来ていただいています。

さて、1号については、いろんな意見が寄せられました。すごく励まされたり、いろんな批判を受けて考えたりするんですが、その中で定番として出てくる意見がいくつかあります。「本が高い」というのがそのひとつです。『フリーターズフリー』以外に、ここ数年、いろんな若年労働に関する雑誌が出ました。たとえば、『ロスジェネ』『POSSE』です。この『ロスジェネ』と『POSSE』は『フリーターズフリー』より安かったりする。一二〇〇円とか。それと比べて、ぼくらの本が高い。「一五〇〇円というのはボッタクリではないか」「一五〇〇円の雑誌ってフリーターは買えませんよ」「いい商売ですね」と言われてしまうことがあるんです。確かに、マンガ雑誌などに比べたらはるかに高い。ただ、ここで本の値段がどのように決まっているかという問題があります。

ぼくたちは有限責任事業組合フリーターズフリーとして本を作っています。出版流通の問題が絡むんですが、『フリーターズフリー』をぼくらが直接書店に持っていっても売ることは基本的にできません。個人が書店に並べることは、非常に困難です。とくに、全国津々浦々の書店に流すには、従来型のルートを流すしかない。ぼくらの場合は、ずっと協力していただいている人文書院が預かって、取次で流して、そこから全国の書店に流れる。そして、このルートで書店が『フリーターズフリー』を売ったとき、ぼくらにどの程度のお金が入るかというと、実は三割強ぐらいしか入りません。つまり、あらゆる作業を担ったぼくたちの元に四〇〇円とか五〇〇円しか入らないわけです。

これに対して、自分たちが『フリーターズフリー』を手売りすると、一〇〇%自分たちに入ります。これは、フリーターが働いていると、中抜き中抜きで自分の手元にあまりお金が入らないという話をちょっと思い出させます。その意味では、一五〇〇円という価格をつけたとしても、実際におもわれているほど儲からないという問題もあります。創刊号の初版は、三〇〇〇部刷って損益分岐点が二五〇〇部でした。つまり、二五〇〇部売りつくしたら、なんとかトントン。ぼくらは二〇万、三〇万の出資金を出しているんですが、トントンということは損は出ませんということです。二五〇〇部以上売れると、2号の資金になります。逆に、二五〇〇部売れないときは、ぼくたち自身が赤字ということです。もちろん、2号なんてとても出せません。

創刊号については、ありがたいことにかなり売れて、三〇〇〇部売り切って今一〇〇〇部を増刷しています。こうして、この2号を創ることができました。みなさんご存知のように、雑誌って創刊号より2号が売れない。今は、必死にみんながんばって、3号を作る資金を出すために、あちこちで販売をしているところです。

とはいえ、「一五〇〇円の雑誌ってフリーターは買えませんよ」という批判はもっともです。そこで、しばらく前に、東京で引きこもり支援をしながらフリーター全般労組で活動している梶屋大輔さん、コムニタス・フォロという場で大阪で不登校問題に取り組んでいる山下耕平さん、そしてぼくと栗田さんの四人で、主に不登校問題を考えるディスカッションをやりました。それを自分たちでテープ起こしをして、「フリーターズフリー」のサイトで公開したりしています。これは、例えばぼくの東京大阪の往復交通費は自分持ち、テープ起こしも全部自力です。そうやって労力とお金をかけて、ウェブ上で無料で公開して読んでもらうということも、ささやかながらやっています。

女性・主婦問題の発掘

生田　『フリーターズフリー』2号は、「女性で、安心。貧乏でも、安心」という栗田さんのキャッチフレーズがあるように、テーマは女性労働でした。1号もある意味で女性の問題がテーマだったんですが、とくに、女性労働問題に絞った号を創りたいという思いがメンバーの中にありました。というのは、フリーター問題について考えていくと、女性労働の問題を抜きに語ることはできないだろうという確信がみんなの中で固まったからです。

近年、貧困問題やフリーター問題が社会問題として注目されてきましたが、パート労働がそうであるように、女性はそもそも、低賃金と不安定な仕事をずっと担ってきました。ある意味では、ここ一〇年間、不安定就労問題が社会問題にされたのは、いわば、高卒や大卒の男が、かつて女性がやっていたような仕事をやるようになったから、社会が慌ててそれを社会問題として取りあげただけだ、と言えるかもしれません。その意味で、女性の置かれている立場や女性の労働の問題を解決することなしに、貧困問題やフリーター問題を解決することはできないのではないかという思いがあった。その中で、栗田さんが責任編集となって、この2号を創り上げてきました。

ぼくは1号の「フリーター＃ニート＃ホームレス」という文章の中で女性労働問題を調べ始めたんですが、一番びっくりしたのが、女性労働について調べようとすると、ほとんど論文や関連書籍が見当たらないんですよね。ウェブ上の文献にも当たったんですが、ほとんど目に付かない。後でフェミニズムの話も出ると思うんですが、とくに八〇年代以降はさまざまなフェミニストが活躍しましたが、労働についてはあまり触れていないという現実がありました。ぼくが読んだ中で一番役に立ったのが、竹中恵美子さん（一九二九年生。女性労働研究の第一人者）のいくつかの本でした。そんな中では、専門家でもなんでもない文芸批評家・斎藤美奈子の『モダンガール論――女の子には出世の道が二つある』（マガジンハウス、二〇〇〇年）がとても参考になったりするわけです。

その後、2号の計画を立てているときに村上さんにお会いしたんですが、村上さんは論文の中で、とくにパート労働について歴史的な経緯を追っかけて文献調査をして、それを元に研究を行っている。それを見てびっくりして、「これを1号のときから知っていたら、どんどん引用させてもらったのに」と思いました。そういう意味で、村上さんの存在はとても大きかった。

また、2号の巻頭セッションには、「フリーターズフリー」の四人、村上さん、介護福祉士の白崎朝子さん、それから「主婦戦線」「女性と貧困ネットワーク」の国澤静子さんが参加しておられます。とにかくこの国澤さんと白崎さんの存在感がすごかった。読まれた方はおわかりになると思いますが、我々が新宿の喫茶店で話したときには、終始圧倒されっぱなしで、このエネルギーをなんとかして、文章の上でも伝えられないかということで、ものすごく苦労した覚えがあります。この国澤さんの存在を教えてくださったのも村上さんでした。

今日はいわばゲストとしてお招きした村上さんにさまざまなことをお聞きしたいし、研究の紹介もしていきたいと思っています。村上さんは男性ですが、パート労働を研究し、その中でも「主婦」という言葉に関心を持って研究を進めてこられました。まず、村上さんがこうした研究を行ってきた経過や経緯についてお聞きしたいと思います。

村上　私はもともとは「主婦」の研究をやろうとか、パートの研究をやろうというつもりはとくになかったんです。パートの研究は男でも研究者がいっぱいいますが、ただそれは政策課題だからですよね。これを解決しないと経済的にやばいとか、社会的にやばいとか、そういう問題意識を持っている人が政策課題として研究しているわけです。ぼくは、不謹慎かもしれませんけど、そういうことはあんまり関心がなかった。

ぼくが関心があったのは、都市に生きるシングル女性などでしたが、研究以前の段階でどうしようかと悩んでいるときに、労働問題に詳しい学者さんから「主婦論争」を紹介され、日本の女性のアイデンティティのことや、結婚した上で働き続けること、仕事をバリバリやって「自立」すること、戦後女子労働の問題など、女の生き方論の集約形として主婦論争があるんだよと教えられた。そこから、主婦というキーワードで、主婦が働くこと、主婦でなく働くことなど、そういうことを考え始めたのがきっかけなんです。

それとはまったく別の文脈で、ぼくは京都で大学院生をやっているんですが、京都はそれなりにウーマンリブ運動が強かった土地なんですね。身近に元リブのNPO職員の人などがいまして、その人と、ぼくはリブはそれほど興味があるわけではないとか、そんな失礼な話をしていたら（笑）、その人が昔やっていた運動の資料が大量に友人の家にあると。捨てるわけにもいかないし、かといって引き取り手もいないから、どうにかしたいって、ぼくを体のいい人員として、その整理労働に駆り出したわけです。それをやれば、なにかの研究にもなるかなと（笑）、軽い気持ちで行って、ダンボールの山から昔のリブの資料を整理しているときに出てきたのが、国澤さんらがやっていた「主婦戦線」というネットワークの『女解放』という冊子でした。とにかくそれが、かっこよかった。

リブの資料の中から「主婦」の名前のグループや雑誌が出てくることは、普通は考えられません。リブというのは、一般的な意味でいうと主婦と対立していて、主婦ってものはぶっ潰せってと言っているとと思っていた。それが、ネーミングのセンスもいいし、冊子自体もすごく良かったので、ミーハー的な気分で、これはどういう人がやっていたんだろうと思ったわけです。

それで国澤さんという、先ほど言われたように、すごくパワフルな方と連絡を取って、個人的にお付き合いが始まって、国澤さんの言っていること、やっていること、書いていることを追いかけていく中で、「主婦論争」の整理だけではまったく捉え切れなかった主婦の問題や、主婦の立場性がパート労働とどうつながっていくかという初歩的なことを、ラディカルな視点から学ぶことができました。それが今に至る研究の出発点だったわけです。

主婦とフリーター

生田　共同討議で話題になったことのひとつが、主婦労働とフリーター労働の接続ということです。主婦労働の問題を考えることを通じて、フリーター問題の運動への展望も開けるのではないかとも思いますが、その点はどうでしょう？

村上　栗田さんも強調されるように、今のフリーター問題の前段階として主婦のパート労働、女性のパート労働の問題があるということは確かです。しかし、それが単純につながるかというとそうでもない。

もっと長い文脈でいうと、日本の女性労働の戦前から続いている流れとして、高度成長の前に出稼ぎ女子労働があるんですね。そう聞くと、紡績工場の女性労働者を描いた大正時代のルポルタージュ『女工哀史』（一九二五年）などが思い浮かぶかもしれませんが、そこまで極端な例を出さなくても、一般に結婚して農村へUターンすることを前提とした女子労働力の都市への確保というのがまずあり、それがだんだん地元で結婚することへの社会的規範が弱まり、また産業経済構造の変化などによって、人員が都市にプールしてくる。すると結婚して主婦になったり、主婦にならなくても都市で働いていくしかないと。そこでパート労働の問題が高度成長と相まって出てくるんですね。

そうした長い文脈から、女性労働の問題というのは、簡単に言ってしまうと常に補助労働力として規定されざるを得ないし、その補助労働力の問題を、現在の男性にひきつけるとフリーター問題となってくるわけです。派遣にしてもそうでしょう。専門性が発揮されるものならいいのですが、すべての仕事がそうというわけではない。専門性が発揮されるパートであれば、それは、未来がある働き方、短時間で自分らしく働く、みたいな美化されたイメージがありますが、そんなのは一部分であるわけです。

そこで、表に出てこず滞留していく人たちの存在をどう捉えるか、そして、どう労働の捉え返しを行っていくかというときに、長い文脈で見た場合、女性労働が非正規労働の課題の出発点にあることは確かだし、その中で国澤さんたちのように、主婦の立場から――「時給労働者」という定義をしていますが――、いち早く時給労働の問題として正規雇用との差異を明らかにしていった。そこで、女が男並にやっていくのとは別の労働問題、労働運動を展開したわけです。一点注意すべきなのは、「時給労働者」という面では男性フリーターと女性パートはつながるのですが、「主婦」の問題をふまえるとそう簡単にはいかないことなんです。

生田　『フリーターズフリー』は基本的に、今まで「ないものとされてきた」ものを取り上げていく、注目していくというスタンスがありますが、国澤さんはなぜか必ずしも有名とはいえない存在ですね。不思議で仕方がないんですが。

村上　国澤さんはリブなんだけど、世間的にはマイナーな存在であるリブの中でもさらにマイナーで、マジョリティーのリブにケンカを売っていた人です。リブ界隈で最も先鋭的と言われていた『女・エロス』という雑誌があるんですね。それがリブを代表するラディカルな雑誌だというのが定説なんですが、国澤さんはその『女・エロス』にケンカを売ったんです。それだけマイナーな人って、普通知りません（笑）。

国澤さんはパート労働問題でも先鋭的な主張をしてきたのですが、当時もパートの問題というと、やはり大きな労組や女性団体と結びついた賃金差別訴訟などが目立っていた。それはそれでもちろん意味はあるんですが、国澤さんはそうではない、いまのフリーターの労働運動の元になるようなアイデンティティの持ち方をしていました。そういう人を発見したのは、今の若者の運動にとっても財産になることだと思います。

ないものとされた存在

生田　白崎さんもそうですが、そういう方と一緒に巻頭セッションをできたというのは、ぼくらにとって誇りというか、この雑誌をやって良かったなと思うことのひとつでもあるんですね。国澤さんは七〇代ですよね。

村上　ええ、一九三五年生まれです。

生田　そうすると、栗田さんは四〇歳近く年下になってしまう。栗田さんは、国澤さん、それから四〇代の白崎さんの後を受けて、女性フリーターの位置づけというところから発言されました。1号と2号の栗田さんの文章に「〃ないものとされたもの〃コレクション」というのがある。今まで「ないものとされてきたもの」に注目するスタンスです。この場合、自分自身の存在が「ないもの」だったというところもあったんですよね？

栗田　フリーターズフリーの組合員は、大澤、杉田、生田、栗田で、紅一点でした。それこそ斎藤美奈子さんの『紅一点論』（ビレッジセンター出版局、一九九八年）が当てはまる部分もあるかと思います。『フリーターズフリー』に女の人を誘ったこともあったんです。しかしなんとなく乗ってこない。時給九〇〇円くらいで働いているアルバイトの女の人で、労働問題に関心あるかと思って話をしても、なんとなくスルーされ、「やっぱり、私は結婚したい」という話になってしまう。これは一体どういうことなんだろうと。

主婦パート労働問題とフリーター問題は裏表の関係にあると思うんですが、主婦パート労働問題がなぜメジャーにならなかったかというと、要するに男の人と結婚さえすればどうにかなると思われてきたからだと思います。それじゃあDV（ドメスティック・バイオレンス）が起きたらどうするんだとか、そもそも離婚したらどうするんだとか、そのような話が後でお話しする「女性と貧困ネットワーク」の立ち上げ集会で、当事者から問題提起されたんです。

具体的な事例を挙げていけば、結婚したからといってどうにもならないことばかりで、結婚すればどうにかなるというふうに私たちが思わされていることは、どういうことなのかという疑問がありました。逆に言えば、独身のフリーター女性が生きていくとなると、そういう問題を覆い隠す「結婚」というものがズバっと剥がされたところで、どうやって生きていくんだろうという問いが、私のフリーター問題に関する出発点でした。

つまり、女性の労働問題というときに、男女の雇用の平等を実現させていくとか、産休・育休の権利を広げていくとか、労働の中の男女差別をなくしていくという運動はあったと思うんですが、やはりどこかバリバリと働くことが前提だったわけですよね。しかしそもそもバリバリ働くという枠から外れている女性、ましてや主婦ではない女性というものの生存については、それこそ「ないものとされてきた」という感覚があります。女で、ひとりで生きていればキャリアを持っているだろうし、キャリアのない人がひとりで生きているなんて、そんなことがあるわけないという見方がなされてきたんじゃないか。

しかし現実に、あちこち派遣パートに行くと、私ぐらいの年齢の独り者の女性が結構いるんですね。親と一緒に暮らしている人も多かった。もちろん親と住んでいるからそれでいいのかというと、そんなこともなくて、親が介護を必要とする年代になったらどうするんだとか、実はものすごく不安定な中で生きている。そういう存在が可視化されていないことが一大問題で、どう問題を解決するかを考える前に、そもそも可視化されていなければ問題にしようもない。

男性のフリーター問題がなぜ注目されるかといえば、「それでは妻子を養えないでしょう」という見方が背景にあったからなのではないか。男性であっても女性であっても、家族があろうとひとりであろうと生きていける社会、それは結婚している人にとっても無縁な話でないはずです。なぜなら結婚したとしても、その結婚生活に永遠の保障があるわけではないですから。誰にとっても無縁ではない問題として、独身の女性のフリーター、フリーターという言葉がふさわしくなければ、性別のいかんに関わらず独身で不安定な雇用にいる人について問題化する必要があると思ったんですね。

フリーターの定義についてまだお話していませんが、厚生労働省のフリーターの定義が面白くて、学校を卒業した「一六歳から三四歳まで」という年齢制限があります。私は既に年齢も外れてフリーターではなくなっているんですが…。さらに男性と女性で定義が違う。女性は「未婚者」が「フリーター」なんです。男性については未婚既婚は問われていません。それだけでもフリーターに対する政策態度が変わろうというものですよね。

結婚している女性がパート労働であれば問題にされず、それだからこそ国澤さんの活動がマイナーな位置に置かれていた。そうやって低賃金労働を主婦層に閉じ込めたつもりだったのでしょうが、結局そういう働き方を必要とする企業は、女性のみならず若年男性に対しても安全な調整弁として拡大していったのが、現代ではないか。だから、女性の労働状況、貧困を可視化させるということが重要だと思うのです。

働く女性について「キャリア」だとか「スキル」だとか「能力」だとかいう文脈ではなく、ありのままの女性と労働を同時に考えるときに、私は独身の女性のフリーターという位置づけはとても大事だと思ったんですね。だから、今日の話は「労働にとって女性とは何か」というよりも、「女性にとって労働とは何か」という話になるのかなと思います。

女性の野宿者はなぜ少ないか

栗田　事例として、派遣村のことを少しだけ。すごくメディアで取り上げられたと思うんですが、みなさん、女性の姿があまりなかったという印象を受けられたと思います。派遣村に行った女性のことを、私たちの仲間に後から聞きますと、いるにはいた。集まった五〇〇人中九人くらい。しかし製造業派遣は男性だけではない。私は自動車のシートベルトを作る工場にいたことがあって、そこに女性がたくさんいました。解雇される女性も当然いるだろうと。私は想像していたんですが…。

ただ、派遣村には女性が行きづらかったのではないかという仲間の意見もありました。例えば、大きな講堂が開放されたというニュースがありましたよね。実際は女性達がそこで雑魚寝をするという事態ではなかったようですが、雑魚寝しなければならないのではと思うと躊躇し、結果女性達にとって派遣村のハードルが高くなってしまったのではないかという意見もあります。さらにいえば、なぜ「女性の貧困」という問題をフェミニズムが可視化させてこなかったのかという問題も根深い。

そのような中で、国澤さんや「しんぐるまざーず・ふぉーらむ」「働く女性の全国センター（ACW2）」などに関わっている人、さらに路上生活者支援をしている方や、自ら都内の公園でテント生活をしているアーティストのいちむらみさこさん、他さまざまな女性が集まって「女性と貧困ネットワーク」を立ち上げたんですね。それが、二〇〇八年九月です。その立ち上げ集会の中で当事者達の口から「貧乏体験発表」をしました。語られることは深刻なことが多かったのですけど、アットホームな形で会を開いたんです。マスメディアも結構来ました。

そこで改めて気づいたことなんですが、メディアが入った際に顔を映せないという人が圧倒的に多い。貧困に至った原因として、DVを受けて路上生活に至った、夫から暴力を受け、家にいられなくなったとか、性的な行為を強要されるような経験が離婚の大きな要因のひとつにつながったとか、女性の場合は性を含んだ「暴力」が原因であることがとても多い。当然、顔をさらして、夫にどこにいるか場所をつきとめられたりすればまずいということで顔を出せない。声を発することによって、身の危険を招くことになりかねない状況に貧しい女性は陥らされている。だから、公の場に出られない。男性に関してもそういうことはもちろんあるのですが、顔が出せないという女性の多さに驚きました。DVといった暴力が貧困の原因と言うところが、男性と女性の大きな違いではありますよね。

私の場合は、こうやって顔がさらせるということは、恵まれているというか運がいいという位置にいるわけです。顔がさらせる立場なのだから、どこへでも行って話そう、呼ばれれば行こうというスタンスを決めた。このときの集会で私が得たことといえばそういう「覚悟」というかスタンスでした。生田さんに路上生活の女性について話をしてもらえればと思うのですが。

生田　派遣村の問題は、ぼくたちも少し議論しました。というのも、派遣村の報道を見ても、女性の姿がほとんど見えなかったからです。

全国的には、女性の野宿者は野宿者全体のうちの七%と言われています。ぼくが野宿者支援とか日雇い労働の問題にかかわり始めた一九八〇年代には、女性野宿者はほとんどいなかったことを考えると劇的に増えたのは確かです。

女性がなぜ野宿になっているかというと、ひとつは失業。これは男性とまったく同じで、派遣に限らず、失業したことをきっかけに女性が野宿になるパターンは増えています。従来、パート労働をやっていた専業主婦がクビになったからといって野宿になることはありえなかったのですが、例えば独身でフルタイムで働く女性がクビになると、当然野宿の可能性が出てきます。もうひとつはDV、とくに夫の暴力です。よくあるのが、夫の肉体的、精神的暴力を受け続け我慢して我慢して、最後に家を飛び出す。自分の実家や兄弟、友達の家に逃げられればいいのですが、そういうところは夫が追いかけてくることがあるので逃げられない。子どもの手を引いて持てるだけのお金を持って、お金がある間はホテルに泊まり、お金がなくなってきたら二四時間営業のレストランに行って夜を過ごし、いよいよとなったら、公園のベンチにしょんぼり座っているというパターンです。

野宿の現場では、なぜ女性の野宿者がこんなに少ないんだろうという話題になることがありますが、それはこのDVと失業の問題を逆回しに考えれば、ある程度答えが見えてきます。従来、女性はパート労働者であり専業主婦であるという立場によって、仮にパートを失業したとしても野宿になりようがなかった。もうひとつは、DVがあってもみんな我慢していた、ということがあったと思うんですね。家から逃げることさえできなかった。これはある意味、日本の失業と家族の問題を女性が一身に担ってきたということだと思います。

日本は、七〇年代、国際的に異常に低失業の国でしたが、そのかなりの要因が女性のパート労働に求められます。つまり、景気が悪くなると女性パート労働者の首を切りまくる。そうして失業しても、主婦は「家庭に戻る」ので失業率は上がらない。そして、景気が良くなったらまた使うという方法です。

家族問題については、専業主婦という立場を国家が税制や年金制度などで保護していた。その前提で夫は「会社人間」としてすべての時間を会社に奉仕する。こういう形で、国家と企業と家族が三位一体で経済成長を推し進め、その中で女性は主に専業主婦という形で家庭を守り続けた。その意味では、女性がフルタイムで働いたり家から逃げたりすることは、国家と企業と家族にとって都合が悪かった。こうして、今までの日本社会は、構造的な圧力によって女性を専業主婦という形で家庭に縛り付けてきた。それが女性が野宿になりにくい構造としてあって、いまだにある程度は続いていると思うんです。構造的に守られた「家族」の枠から切り離されると、女性は生活が困難です。その代表が、野宿の女性であり、シングルマザーだと思います。

貧困問題については、「セーフティネットを作らなければ」という問題が上がってきます。日本の場合、セーフティネットがぼろぼろに崩れているがために、いったん失業すると貧困に陥り野宿になるというパターンが広がってしまった。そういう意味で、セーフティネットを回復することは当然必要です。ただ、昔のような社会に戻せばいいかと言えば、それも違うという感覚はみなさんもあると思います。

というのも、女性野宿者とぼくも何人か関わったことがあるんですが、野宿の女性の何人かは、

「家に帰るくらいなら、野宿しているほうがマシ」とよく言います。これは、男性野宿者とはまるで逆で、とくに野宿になったばかりの男性は、なんとかして元の社会に戻りたいと、つまり「元の職場で仕事がしたい」「仕事さえあればなんとかなるんだ」とよく言います。一方、女性の野宿者は、あんな職場に帰るくらいなら野宿を続ける」「あんな家に帰るくらいなら、こっちのほうがマシだ」と言って、野宿を続ける女性が結構いる。つまり、野宿よりも家庭や職場の状況が厳しいということです。

野宿者問題についても「自立支援」や「社会復帰」とよく言われますが、「社会復帰」の「社会」ってなんやねんって話になってしまうんです。その「社会」は野宿よりひどいのではないかという話なんです。女性の野宿はものすごく大変ですが、たぶん一般の社会はもっとひどい。個別の野宿の解決は当然必要ですが、社会そのものを変革しないことには話にならないということが実感としてあります。これは、単にセーフティネットを充実させればいいのかという話につながるんですが、そこで、栗田さんに話を振ります。セーフティネットの充実だけで、女性の労働の問題の解決につながるのかどうか。

セーフティネットだけでは足りない

栗田　ろくにセーフティネットも築かれていないうちに、その話をするのは早いという意見もあるかと思いますが、いくつかの点を挙げたいと思います。

今日、私は何の気の迷いか新幹線のなかで、『WEDGE』というネオリベラリズム（新自由主義）系のお兄さん達が買うような雑誌を買ってしまったら、大阪大学の先生が正規職員と非正規職員の賃金格差が激しすぎるから、そこをカットして能力給に移行すべきだとコメントしていました。それに対抗する意見としては、例えば『文藝春秋』で湯浅誠さんが書いていたことですが、正規職員は、今の日本の現状ではいわゆる「家族持ち」が多いから、そうそう賃金を減らせないじゃないか、と。つまり、今の日本では家族の養育費に多くかかっているんだから、仮に賃金が下がっても首にされても生きていけるようなセーフティネットの充実をすべきだとありました。

湯浅さんの言っていることは一方でとてもいいと思うんです。確かに労働賃金だけですべての生活をまかなうことには限界がある。とくに、シングルマザーに対しては子育てに社会的な保障があれば随分違うでしょう。そういう意味では確かにセーフティネットの充実は強調しなければいけないのですが、セーフティネットの充実を主張するとき、その主張の先は行政なんですね。児童扶養手当や母子加算手当て、生活保護も含めすべて行政にものを言うことになります。

しかし、国家と企業と家族という三つ巴の関係を同時に問わなければ社会というものは改変されないと『フリーターズフリー』ではよく話をしています。例えば、生田さんの「フリーター＝ニート＝ホームレス」という1号の論文の中で、企業の代替物としてのNPO、国家のオルタナティブとしてのNGOがあるなら、家族の代替物としてのNFO（Non-Family Organization）があってもいいじゃないかという話をしているんですね。それならばセーフティネットを語る際にも、企業を問うという姿勢をどこかでまず打ち出さなければ、やはりまずいんじゃないかと思うんです。企業を批判する、企業の価値観を批判するというのは、どういうことかと考えると、労働の価値基準の見直しが避けられないと思うんです。

『フリーターズフリー』をやっているときに思ったのは、フリーターの仕事というのは、私にとって主婦労働の問題とリンクしていくのですが、家事的な労働が多いと思ったんですね。とくに都会のフリーターの仕事というと、ウェイター、ウェイトレス、飲食店、掃除のお仕事、電話のオペレーターなどですね。さらに介護労働も加わる。主婦の仕事がアウトソーシングされている流れの中に、フリーターの仕事が生まれている印象を受けます。そういう労働の価値をどう捉えるかということ、つまり同一価値労働同一賃金というなかの「価値」のラディカルな見直しが必要だと思います。

率直に言えば、肉体労働と頭脳労働と対比させて、頭脳労働のほうにお金を多く与え、肉体労働、単純労働と呼ばれるものを軽視するという価値観を見直さないといけないのではないか。アンペイドワーク（家事、育児、介護などの不払い労働）から仕事の価値を再構成していくことをしない限り、おそらく、行政のセーフティネットの充実は必要だけれど、賃金格差という点に関してはたぶん現状のままだろうと感じます。

そうすると、女性の解放はセーフティネットだけでは足りないのではないか。今みたいに生きることすら削りとられるという点では、確かにセーフティネットというギリギリのところの担保は重要だけれども、もう少しポジティブな女性解放を打ち出すのであれば、アンペイドワーク、ないしは先ほど名前が出た竹中恵美子さんが作った言葉らしいのですが、「半ペイドワーク」、そういうものを織り交ぜた中で、同一価値労働同一賃金ということを話さないといけないのではないか。どうも、『WEDGE』等の雑誌を見ると、そこまでの労働への射程はないような感じがします。それをやりだすと、おそらく『WEDGE』を読んで満足した気分になれる読者層はひくんじゃないかと、予想を立てているのですが。

改めて企業を問う姿勢がないと「まずい」と思ったのは、最近ワーク・シェアリングという言葉がヤバイ言葉になりつつあるからです。『フリーターズフリー』のなかで、とりわけ生田さんはワーク・シェアリングをオランダの形で出来たらいいという話をしていたんですが、オランダモデルはあくまで雇用創出型の、仕事を何人かで分け合う、仕事が増えていく形のワーク・シェアリングです。だから、当然企業は人を雇うというところで動かざるを得なくなるという背景がある。

しかし、御手洗富士夫という経団連の会長が言った緊急避難的ワーク・シェアリング（雇用維持型）は要するに、人を休ませて浮いたお金の中で人を回していくという話。こういうやり方ならば企業の懐は痛まないし、企業が努力をしなくて済む。行政だけではなく、企業というものをどう動かしていくか、どう変えていくか、それこそが、女性のこれからの労働問題を考える上で重要だと思います。

「主婦」のリサイクル

栗田　今月（二〇〇九年一月）も再放送されたんですが、昨年一一月、ＮＨＫの「福祉ネットワーク」という番組で私たちの活動を取り上げていただきました。そこで私はあえて自分の母親を取り上げてもらったんですね。自分の労働問題のことを考えると、どうしても母親の働き方というものと二世代ぐらい合わせて考えないと、問題の輪郭がはっきりしない気がしました。私もフリーターになろうと思ってフリーターになったわけではなく、なりゆきでそうなってしまった。母も主婦パートというものを積極的に選んだわけではないと思います。

「主婦」ということが自らのアイデンティティとして語られることはあっても自分が「主婦パート」であると、自らのアイデンティティとして語られることは一般的には少ない。そのアイデンティティの曖昧な感じが、「独身女性フリーター」と「主婦パート」というところでとても近いところがあって、そういうところも含めて主婦の労働問題を取り上げたかった。

そこで、村上さんにお伺いしたい点があります。村上さんは、『フリーターズフリー』２号の四一ページに次のように書かれています。

「いままでのような「主婦」モデルが崩壊しつつあるなか、それでも主婦になる／なってしまった人たちをどう捉えるか。たとえば、「フリーター女性」→「パート主婦」というスライドも多くあるだろう。しかしそれはもちろん、やっていること／状況は何も変わっていない。税制上ささやかな「特典」はあるかもしれないが、ダンナの稼ぎが少なければそれもあまり意味がない。子育てしたらもっと苦しい。そういう「ダメージな主婦」がどんどん増え（てい）るのではないか。そうした状況のなかで、未婚／非婚の働く女性／働けない女性と「主婦」との新たな共通利害枠が出てくるのではないか。それは、従来の「家計引き締め一〇三万円調整パート主婦」をも射程に入れたものになるのではないか。それは、集約していけば、「ちゃんと働かせろ」という要求と「働かなくても生活を保障しろ」というW要求を同時にしていくような形態になるのではないか。」

それに続いて、「「主婦」という概念をもう一度別の可能性の視角からリサイクル的に見直してみたら、という漠然とした印象を持っている」と語られています。社会構造のなかで主婦的な状況を考えることも含め、この「リサイクル的」という意味を補足してご説明いただけたらと思います。

村上　主婦という言葉、対象を、女性解放運動の文脈でどう捉えるかは、従来から決着がついていないし、たぶんこれからもつかないと思うんです。例えば、大方のリブの人たちは――リブ当事者は主婦が少なかったというのはあるかもしれませんが――、主婦なんかは一度なってしまったら終わり、主婦だったら自分で主婦という状況をリセットして自立しなきゃいけない、その中で戦っていきなさい、甘えんじゃない、そういう啓蒙的なところがあったわけです。

それに対して、国澤さんが「主婦戦線」という名前を掲げる。ではなぜその名前を掲げ、その名前で何を訴えたかというと、やっぱりそうじゃないだろうと。個人の努力で運よく主婦を脱出して充実した仕事を持ったり運動家になったりしても、それで世の中の主婦問題に片がついたのかというと、そうではない。そんなことが出来る人もほとんどいないし、その人が出来たからみんなも出来るわけではないし、そうなるのが正解かと言ったら、たぶん正解ではないということなんです。問題がどこにあるかと言うと、その人が今主婦であるかとか、主婦でないかという問題ではなく、女性すべてに主婦的状況が負わされていて、それをどこまで自覚して、労働のことなり、子産み子育てなり、生き方全体をトータルに考えられるか、自分と他の女性との関係性をどう捉えるかということで、「主婦戦線」というネットワークを始めた。

そのネーミングからもわかるように、あえて主婦を名乗る、リブなんだけどもあえて主婦を名乗る、女性解放を目指すんだけども主婦を名乗る。自分たちは主婦なんだ、主婦的状況にあるんだという認識からしかスタートしないということで、主婦を克服すればいい、やっぱり自立だよねという運動や思想に対して問いを投げかけたわけですね。主婦は、運動の中でも、一般の人、政府レベル、資本レベルなど、いろんな意味でどっちの色にも染められるパワーゲームの駒というか、白と黒のひっくり返し合いのようなところがある。

そんなめんどくさいことをやるんだったら、主婦バッシングをしたり、主婦という概念自体を無効にして、女性の問題だけに特化しよう、女性の問題だと言ってしまおう、そういう気持ちもわかるんです。しかし、それでは割り切れないものがある。

自分が研究者として割り切れないとかそういう問題ではなく、たぶん当事者も割り切れないし、むしろ当事者のほうが割り切れない。主婦ではない人にしても、主婦は得しているのに私は損していると、じゃあ世の中の主婦が主婦を投げ捨ててくれたらいいのと言われたら、その人も迷うと思うんです。もちろん主婦の中にも、自分はこんな特権を享受していいのかという真面目な悩みを抱えている人もいるかもしれない。もちろんそこには、「あつかましい人」もいるかもしれない、でも、それを全部ひっくるめて考えるときに、とくに女性運動の中で、もう一度主婦という概念がどう使われて、これから自分たちが何か発信していくときにどう使っていくかって、もっとちゃんと考えたほうがいい。

私たち困っていますと女の人が問題提起したときに、政府・行政が出してくる政策は、おおまかに二つしかありません。つまり能力のある女の人がどんどん能力を伸ばせるように働きやすくする政策か、どんどん子どもを生んでもらって、良妻賢母的に育ててくれるようにする政策のどちらか。だから、後者をとれば、女が困っているという問題が、主婦が困っているという問題にすり替えられてしまうんですね。すると、じゃあ主婦に控除を与えましょう、これでもう解決ですね、これでいいでしょ奥さん、となる。もっと働きたいんだったら、じゃああなた、総合職の中でもどんどん出世して、課長、部長など、どの役職も何パーセントかは女の人を登用しなければならないことにするから、そこで勝負して勝ってください、となってしまうんです。

今まではこの二つを別々にやってたんですが、最近、これを融合するような方向性が出てきたんです。何かというと、ワークライフバランス政策です。これは先の二つを組み合わせたものですね。どんどん仕事したい、昇進したい、でも同時にもう一方では、子どもを産みたい、子どもを育てたい、そういう時間がほしい、家族の時間がほしい。その両方を満たしたい人はワークライフバランス政策で優遇しましょうと、それが今進もうとしている状況です。

ワークライフバランス政策は、表向きの理念はたしかにご立派なものではありますが、これまでのキャリアとパートの分化状況もほとんど改善がなされていない現段階では、この「恩恵」を受けられる特権的な人たちと、そうでない、むしろその人たちの尻拭いにあてられる人たちを明らかに分断します。そうした意味で、差別的といえば差別的、非常に問題があります。しかし、いずれにしろ、そうしたモデルのどこかに振り分けられつつ、しかしどれにもはまらずに生きている女性たちの利害はどうしても削られる、ないものにされてしまうというのはある。

ないものにされてしまうことを、いや、なくはないんだと言っていくときに、「女性と貧困ネットワーク」の話をされましたが、女性と貧困というキーワードは、すごく良いと思います。主婦の問題を女性の問題として考えてこなかった人にとっては、貧困と言われれば、えっ！となります。考えるひとつの契機としてすごく重要です。

その上で、では主婦という言葉をこの後、どういうふうに活かしていくか。七〇・八〇年代に、主婦というキーワードを一度否定し、否定した上でどう復権させるかということを考えた人たちがいます。復権というのは、もちろん、保守的な、それ以前の主婦像の復権、良妻賢母の復権ではありません。主婦をもっと大きな可能性を持ったものとしてどう捉えていくかというとき、一番目立った流れは、次のようなことです。

主婦であることは、男並みの労働市場、そこでの競争から降ろされた状態であり、つまりそこに巻き込まれないで済む。それは、特権かもしれないけど、運よくそういうところにいられる人なのだとすれば、そういった人がそれを男並みの労働市場、システムを補強する形ではない方向で活かしていこうという運動の流れです。

それは、主婦的な労働と言われていたケアワーク、もしくは地元のお母さんたちの連合で作れるような、今で言うと起業ですが、それよりもっと手前の、自前の小さな実践が生まれて、のちにワーカーズ・コレクティブ（労働者協同組合）という形になっていくものなんです。主婦であるからこそできることをやろうというやり方で、主婦をポジティブに捉え返す流れがあった。当然ワーカーズ・コレクティブは手放しで喜べる状況かというとそうではないけれど、契機を作り、なかにはうまくいっている人がいる、それはいいことだと思います。しかし、それだけでいいのかというと、そうではないと思うんですね。

同じ時期に、国澤さんのような人たちが、パートの現場で働く時給労働者として問題提起をしていった流れがあるわけです。単に、バリバリ働くキャリア、主婦、オルタナティブな働き方、それだけに収斂しない人がいるんだということ。それは大きなアピールだったと思います。

では、今この状況でそうした流れを踏まえて、主婦というキーワードをどう捉え返していくかということなんです。今は、「主婦並み」というか主婦のレベルが、主婦「にもなれない」人からすると、ねたみの対象になるわけです。七〇年代は、男も「主婦並み」にまで降りてきなよという、呼びかけがありえたわけです。労働の拒否や、人間らしい働き方を模索している主婦のほうがよっぽど未来の働き方を先取りしているじゃないか、などが言われた。

今は逆に、主婦に「上がりたい」って人が多いということですよね。だから、主婦並みに降りてきなさいっていう女性側の余裕がない。そこの分断があるということです。七〇年代にオルタナティブな労働ができた、オルタナティブな実践ができたというのは、やはりそれなりに旦那の稼ぎが当たり前の時代だったからですね。今は、主婦が余裕のある立場に置かれていないし、脱主婦をして何か自己実現をしようかというのも、なかなか不安でできない。先ほど、主婦でもなくキャリアでもないシングル女性が上がっていくのが難しいとありました。それはもちろんそうなんですが、脱主婦することも不安でできない。そういう中で、どうやって今主婦にある立場、これから主婦になる人たちが、主婦という存在規定を自分たちなりに捉え返していけるか。

悪い言い方をすると、そこに居直るという側面も否定できないのかもしれませんが、主婦という立場性や労働市場が変質したなか、自分が主婦であることの意味を定義し直す契機だと思います。それは、研究者が定義し直すというよりは、当事者が脱主婦もできない、そして主婦になるのも難しいという引き裂かれた状況を、どう定義していくかに注目していくべきでしょう。

戦後民主主義的に評価していくと、今のような不況だと、大正時代の米騒動、女房一揆を理想化したような言説が出てきます。それも間違いではないんです。最近いろんな人が、肝っ玉母さん的なキーワード、お母さんの包容力で男社会からはみ出した者を救い上げていかなければみたいな、そういう言い方もしている。

それは従来的な言い方として、少しは機能するかもしれませんが、みんながそんな元気ではない、みんながみんな運動家でもない。そのときに、どうしたらいいのという葛藤をどう表現していくか。現在、過去何度もあった主婦の捉え返しの最終段階ぐらいにあると思うんですね。つまり、ここまで価値が暴落した主婦の定義を、どう使いまわしていくか。

主婦とフリーター、共闘の難しさ

栗田　概念としての主婦にこだわるのは抽象的だと思う方もいるかと思いますが、私たちがここであえて抽象としての主婦というか、概念としての主婦に注目するのは、主婦という言葉がそれこそいいように利用される言葉だからという理由もあります。

それだったら、主婦という言葉がどのように使われているかにも注目してゆきたい。フリーターという言葉も、非常に使い勝手の良い言葉だった。もともと企業が作った言葉なので、余計そうなりやすいと思うんですけど、ともすれば、それが新しい働き方だ、夢を追う人だと、表現されてきた歴史だってあります。そういう風に言葉を使いまわされた者同士お互い注意し合おうぜという観点を持っています。

もうひとつは、ある女性が話をしてくれたのですが、なぜ女性は、たとえ独身であっても主婦的役割を要求される立場にいやすいのかと。つまり、何かの仕事の際に必ず「補助的役割」をする人が必ずいますよね。それは公の場であっても私的な場であっても、補助をする人がイコール主婦という立ち位置、仕事の補助をする人はフリーターという立ち位置となる。その補助をする、サポートする機能をどう捉えるかということで、主婦という言葉が担ってきた歴史と、フリーターという言葉が担ってきた歴史とが重なり合ってゆく。

ともかくフリーターも主婦も言葉の意味合いの暴騰《ぼうとう》と暴落が激しいんです。だからこれらのフリーターと呼ばれる働き方、主婦と言う働き方を崇《あが》めるでもなく、貶《おとし》めるでもない見方をしたい。

しかし、他方でフリーターと主婦の共闘は簡単ではないでしょう。当事者同士で共闘すれば社会が変わるのだけど、同じような問題を抱えているからこそ共闘が難しい、そのような事例が結構あると思うんです。

例えば、女性の問題と路上生活者の人、それぞれ「貧困」であってもすり合せることはとても難しい現実があります。『フリーター論争2・0』で、フリーターズフリーのメンバーと、「ちろる」さんという隅田川の路上生活者の支援をしている方、そらまめさんという路上生活を経験して今は支援者もやっている方、学生の武田愛子さんという方と話したときに、セクハラを受けたという話を私はカミングアウトしました。

路上生活者のボランティアとしてその場に行ったときに、セクハラ的な発言を受けて、いったん活動を引いたという過去があったので、改めて共闘することは難しいと感じるんですね。「反貧困ネットワーク」と言って、いろんな人と取り結んで活動をしているけど、共闘していくというときの中身もそろそろ考えていかなければならない時期にさしかかっている。

反貧困ネットワークや派遣村が生まれているけれど、中身を充実させないと、ワークライフバランス政策に表れるような「能力」をキーワードに分断されるような、そういう恐いことが起きかねないと思います。ずっと、そういう矛盾を突きつけられる場所に居続けた生田さんに、共闘の難しさと可能性の話を聞けたらうれしいのですが。

生田　さきほど、村上さんの話の中で、女性に対する政策が「子どもをどんどん作りましょう」か「仕事をがんばって職業人になりましょう」のどちらかになっているということがあったんですが、これはある意味、すごく息苦しい話だと思うんです。それしかないのかよっていう。

いわゆる一般の人もフリーターもお金がない「貧困」はしんどいけど、社会に未来が感じられたら今ほど息苦しくはないと思うんですよ。ところが、いつまでたっても給料が上がらない、社会の中でこれから自分が何をしていいのかわからないというのが息苦しいことだと思う。ぼくは

『フリーターズフリー』2号の中で、社会の中で自分が生きていける、あるいは自分の存在の意味を実感できる道筋があまりに少ないことを「関係の貧困」と呼びました。たぶん、貧困には、経済的な貧困と社会関係の貧困がある。今は、その両方が広がっているわけです。

反貧困の話が出ましたが、雨宮処凛さんが言っている「生きさせろ」というのがあります。非常にストレートでいい言葉です。ただ、生きるというのは、「生存」の「生」もあるけど、「活きさせろ」でもあると思うんですよ。「生きさせろ」と言い続けたあげく、政界や財界が「わかりました、じゃあ「生かさぬよう殺さぬよう」程度の賃金を出しましょう」と処理される可能性もあります。単に生物として生きるだけではなくて、自分自身の意味を実感できるというか、この社会の中で自分が生きている意味が実感できる、「活きる」ことができる社会をどうやって作ることが大事だと思います。

例えば、非正規雇用を減らして正社員を増やそう、社会保障費を増やそうなどと言われています。もちろんそれはそれで大切だと思うんですが、ただ、それは時計の針を元に戻すというか、「昔の社会に戻ったらいい」と聞こえてしまうところがある。そうではなく、どういう新しいシステムが可能かということが問われていると思います。

栗田さんの話に戻るんですが、東京で「反貧困ネットワーク」ができて、大阪でもそれに近いものができてきた。「反貧困」という言葉が今、マジックワードみたいになっていて、いろんな団体が集まってくる。これは非常にいいことなのだけど、例えば野宿者の問題には、シングルマザーの問題と対立する面もあります。野宿者の大半は男性ですが、話を聞くと離婚経験がある人が多い。離婚して妻子がいるけれど、養育費の仕送りなどは当然してないわけです。野宿者の多くはアルミ缶やダンボールを集めて月収二、三万円で生活をしているので、確かに養育費を送れるような状態ではない。でも、その人たちが月収が二〇万あったら送るのかなといったら、それもどうだろうって気がするんですね。

シングルマザーからは野宿の男性たちはどういうふうに見られているのかなあと思うときがあります。寄せ場では女性差別の問題もありましたし、いろんな問題が噴出したなか、ほんとに共闘するとはどういうことか何度も考えさせられました。

先ほど、社会復帰ってなんだという話をしましたが、従来型の社会に戻るだけではまったく意味がない。「反貧困」という言葉を頼りに、自分たちが主婦という立場、シングルマザーという立場、あるいは野宿者、女性フリーターという立場、それぞれの持ち場からさまざまな議論を持ち寄って、違う社会の仕組みを作っていくことが重要ではないかと思っています。とくにその中で鍵になるのは労働と家族の問題です。「フリーターズフリー」は、新たな労働の場を作ろう、しかも雇用と被雇用の立場でなく、組合員四人が対等の立場、創造的な関係の中でものを作っていこうというものでした。これも社会に突破口を作る試みだと思います。

そうした仕事を作っていくことによって、オルタナティブな労働のモデルを作っていきたい。今の家族ではない、家族の姿、NFOと言いましたが、今とは違う労働の姿、あるいは、今とは違う運動や行政の姿を作っていくことができればいいなと思っています。

これ以降はみなさんからの質問やご意見があったら、それを受けて、お答えしていきたいと思います。

質疑応答

男性1　まずは村上さんに是非お答えいただきたいんですが、扶養控除を、私は前からやめてしまえと思っているんですが、そういう意見は組織立って展開されていない感じがして、そのあたりについて解説していただけたらと思います。

村上　基本的に、フェミニストの経済学者などは、もちろんそれはやめたほうがいいと言っていますね。今の段階で異議を唱える人はまずいないと思うんです。たとえば二〇年前だったら、配偶者控除がなくなったら主婦が、そして扶養者の夫が困るという言い方がそれなりにリアリティを持っていましたが、いわゆる男性稼ぎ手モデルがここまで崩れてきた段階では、世間的にも昔ほど反論は出ないと思います。

それでも質問のような印象を持たれるのは、報道されたり、人目につく運動をやっているところで、多く働いて稼がないといけないのにパートでしか働けないような主婦の利害を代表してくれる労働運動の団体がなかった、というのが大きいと思うんですね。つまり、労働組合のナショナルセンターがそんなことをやってくれるわけはない。そんなことを言おうものなら、その組合員の旦那が困る。控除を削る、控除をなくすと、男の正社員の利害に関わってくる、そうすると普通の労働運動の中ではやりにくいというのはあります。だから国澤さんが自力でやったんですけど。

男性1　そういう理屈はわからないでもないんですけど、要は盛んにしてもらったらと…。

村上　昔の運動は、今でいう一〇三万円の壁を上げよう、だったんですね。国澤さんたちは七〇年代に、まずは七〇万円から上げていこうという活動をしていた。それから、七九万、九〇万となって、今一〇三万で落ち着いているわけですが。昔はそれがリアリティがあったわけです。枠の上限を上げれば、主婦ももっと働けると。

ただ、今は、さっきワークライフバランス政策のことを話しましたが、そういう方向性においては、妻にも一丁前に、むしろ多くの税金を払ってもらうのが前提です。つまり、結果的に男性稼ぎ手モデルが崩壊してきて多く働かねばならない主婦が増えたという側面と、政府・財界レベルの「女ももっと働いて」という志向、この是非はとりあえず措きますが、その両面が相まって、どんどんその枠自体が無効化してきているわけです。

だからその枠、つまり配偶者控除自体を廃止していく運動というのは、かなりリアリティを持って受け入れられると思います。ぼくは女性の労働運動のコアな部分にいる者ではないですが、そうした控除のシステムを問う運動の展開には寄与していきたいと思っています。

男性2　私の父は労働者で三五年間働いて定年退職し、私もあと二年で定年です。六、七年前ですかね、「フリーター」いう言葉が出てきたときに、すごいなあと思ったんですね。三五年間ずっと同じ職場にいて働いて、そこで終わってしまう時代から、今日はどういう仕事、明日はどういう仕事ということができて、それで食べていける社会が来たんだなと思った。一億総フリーターであれば、なんとすばらしいのかということを考えたわけです。フリーターという生き方、生かされ方について、どう考えておられるのか聞きたいのですが。

栗田　実は昨日、大阪大学のイベントで話をした際に、『フリーターズフリー』は内容が暗い、もっと明るくできないんですかと言われました。私たちはフリーターだから暗い、正社員だったら明るいといった視点で考えてはいない。「働けといわないワーキングマガジン」というキャッチコピーを見れば明らかだと思うのですが、つまり、私たちが雇用関係にない働き方を作ることをしようとしていることからも、正社員になることだけを解決とは考えていないことはわかると思います。

さらに大阪大学でこんな感想を言われました。自分はどうしても普通の会社に行くと、いじめられてしまう、要するに普通に仕事をすることができないし恐い、と。私もその気持ちはとてもわかるんですね。いす取りゲームの話ではないですが、会社の人間関係を築くのが苦手だけど、日雇いならOKという人がいるならば、それこそ日雇いであっても生きていける社会を作る必要がある。さらにはメンタルヘルスの問題を抱えていて、週に一回だったら働けるけど、それ以上は無理とか、そういう人たちもたくさんいる。働く時間を短くして生活するという話はバラ色の夢というよりも、足元の部分を考えるだけでも必要とされている。

「日雇いそのものが悪い」という言い方には抵抗があります。社会保障がないことや、人をモノのように使い捨てる姿勢はとんでもなく悪いんだけど、例えばそういう条件をクリアしたならば、日雇いという働き方そのものが、なお悪いと言えるかといえば、そういうことではないとも思っているんです。

生田　かりに雇用が不安定でも、生活が安定していれば問題ないと思うんですね。その意味では、雇用がどうあれ生活が安定していける、あるいは仕事は不安定でも自分の未来を感じられる社会をどうやって作っていくかということではないかと思うんです。ぼくはずっと日雇い労働をやってきましたけれど、日雇い労働じゃなかったら、多分、『フリーターズフリー』のような活動はできませんでした。そういう意味では日雇いでよかったなあという実感がある。

だから、望む人が日雇いで生きていける社会を作っていければいいのではないかと思います。よく言われる「パイの分かち合い」で言うと、これは『フリーターズフリー』組合員の杉田さんが言っていましたが、例えばアレルギーで小麦が入っているパイを食べられない人だっているし、拒食症の人もいるかもしれない。つまり、「パイの分配」だけでは済まない世の中になっている。例えば、仕事が一切できない人は世の中にいると思うんですよ。そういう人も含めて、無条件に生きていける社会を作っていかなければいけないと思っています。働かなくても社会につながっていけるし、人と人との関係を実感できると思うんですね。

男性3　私はいわゆる既卒者、社会人未経験者の就職の支援をやっています。ちょっと思ったのが、社会につながるという点ですね。女性であれば二つあると思います。労働をするか、主婦になって間接的に社会とつながる。男性であれば、労働するしか手段としてない。理想的には、男性も女性もどういう社会のつながり方が考えられるのか、具体的な例をいただければと思います。

栗田　狭い選択肢の中でどういうビジョンを育てていくかは大きな課題です。既存のものしかイメージできなくて、現状を「ああでもない、こうでもない」とは言えても、「こうだ」とはなかなか言えない苦悩があります。でもいろいろな団体と出会っていく中でこちらの認識も広がることが多いんです。例えばユニオン、組合というと働いてナンボというイメージがありましたが、今はユニオンの機能が拡張して、今働いていない人でも組合員ですといえる場合も結構あるようなんですね。

女性1　失業者ユニオンがあります。

栗田　そうなんですか。例えばメンタルヘルスを抱えているから団交などの激しい言葉のやり取りをするなどは出来ないから、日常の雑務などを負うかたちでユニオンに在籍するという人もいるそうです。最近続々と作られているインディーズ系組合は貧しいので、会合が終わって、さあご飯食べようとなったときに外食するのがキツイという人がいる。そうすると炊飯器がちゃんと事務所にあって、みんなでご飯を炊いて食べる。そういうときに団交が出来ない方が舵取りをやってくださるとのことです。そういったことを、知らなかったので新鮮でした。

私は国澤さんも参加されている「働く女性の全国センター」の会員です。そこは基本的には「働く女性」を生きやすくするためにさまざまな活動をするNGOなんですが、今月行われた総会で、今日の話に出たいちむらみさこさんを呼んで話をしました。そうすると、「仕事」をするということが自明の人にとっては、いわゆる「仕事」をしていない人を呼んで話をするということは衝撃的なことになります。働くとはどういうことかと根本的に考える場がそこで生まれました。もちろん、そこでの議論が今後、いかなる社会構造の変革にどうつながっていくかは未知ですが、現実にはそういったいろいろなできごとが起きていて、その動きをみなさんに伝えることが、私の仕事かなと思っています。

生田　例えば、子どもの多くは働いていないですよね。重度の障がいを持つ人で働けない人もいます。また、労働する動物はいますが、多くのペットは働きませんね。でも、働かないペットにも重要な価値があったりします。そこで、障がいを持っている人や、子ども、そして動物の側から労働を見ると全然違った像が見えてくるのではないか。実は、『フリーターズフリー』3号のテーマは、「労働の他者――障がい者、子ども、動物」です。この点から労働の問題を振り返ろうと思っています。どうかみなさんご期待ください。

3

性≒暴力≒労働——堅気の仕事はどこにあるのか？

鈴木水南子×栗田隆子

2009年8月14日　新宿

労働時間は八時間を知らなかった

栗田　今日は、鈴木水南子さんと私との二人の対談を行います。鈴木さんとは以前二度対談をしています。

アジア女性資料センターから発行されている『女たちの21世紀』五七号「つなげて考える　貧困・労働・セクシュアリティ」（池田幸代＋栗田隆子＋鈴木水南子＋原ミナ汰）での最初の対談は、セクシュアリティと労働、貧困の問題をつなげて考えてみようという挑戦的なものでした。さらに『Ｗｅ』（フェミックス発行）一六一号および一六二号「アリもキリギリスも生きていける社会はつくれるのか１・２」では、鈴木さんはセックスワーカーの経験や現在看護師をされている立場から、私は女性独身フリーターで、さらに若い頃はシスターを目指していたという過去も交えつつ、今の日本の労働状況や女性の位置について話をしました。

鈴木さんには『フリーターズフリー』２号のとりわけ「性暴力」の特集に深く関心を持っていただいていると聞きました。今回の対談は「性」と「労働」の状況が相当に「暴力」を含んでいること、それに対して私たちが被害者でもあり、立場によっては加害者ともなりうること、その多義的な「私」や「女性」を取り巻く社会制度を踏まえて、自分たちがどんな経験をしてきたか、そのうえで何を問題と感じているか、そして可能であれば今後自分達に何ができるかということを語り合えればと思います。それでは鈴木さんの自己紹介からお願いします。

鈴木　こんにちは。鈴木水南子です。現在は看護師をしています。看護師になる前はセックスワーカーとして風俗店で働いていました。

私は「女は大学に行く必要がない」という価値観の家に育ちました。だから自分で大学の学費を稼ぐため、そして大学を卒業した後は看護学校の学費を稼ぐためにセックスワークをしていました。私の働いていた風俗店は、届け出をしていない（と思われる）違法店だったので、経営者の機嫌で客のあてがわれ方が変わったり、クリーニング代だとか雑費と称して月に二〜三万円を天引きされたり、休憩がなかったりしました。また客に襲われることもあったりして労働環境のセキュリティにも問題がありました。もちろん雇用保険もないし社会保険も厚生年金もありませんでした。周囲の人たちも「セックスワークは危険だから早く辞めるように」と忠告してくれました。

私も、セックスワークは過酷かつ人権侵害のまかり通る違法な世界で、もちろん労働基準法も無視されるし、だから早くセックスワークを辞めて「堅気《かたぎ》」の仕事に就かなくては身も心も大変なことになる…と考えていました。そこで看護師の免許を取り、看護師として「堅気」の仕事に転職しました。

でも、『Ｗｅ』誌連載「取り乱しアフター風俗の日々」にも書いていますが、看護師の労働状況の過酷さには本当に驚きました。そのうちに、セックスワークのみならず「労働とは何なのか」という疑問を持ち始めました。現在もとりあえず、悩みながら怒りながら、正職員として夜勤もバリバリやる看護師を続けている状況ですが…。

『We』で栗田さんと対談をして、あらためて驚いたのは、一日の労働時間の上限が八時間まで、それができて当たり前、それができないと社会人失格、八時間より長く働くことができればもっといい社会人だと思っていました。つまり八時間以上、文句も言わず、身体も壊さずに働けることが「堅気」なのかと思っていました。私の周りの人たちも、ほとんどが八時間以上働いていますよ。どんなに長くても一日の労働は八時間で切らないと、労働基準法違反なんですか？

栗田 元来はそうであるはずです。

鈴木 それは知らなかった！　とにかく一日八時間働くことが目標で、それを超えて働くことができれば「真っ当な」人間になれると思っていたんです。「元売春婦」と笑われないように頑張らなくては…、そのためにはみんなと同じように一〇時間でも一二時間でも、文句も言わずに働かなくてはならない、と思っていました（笑）。「八時間」については、それは学校で習うんですか？

栗田 現代社会で習ったと思います。といっても先生が強調していたのではなくて「現代社会資料集」とかに書いてあった労働基準法の条文を勝手に読んだのかもしれませんが、それを読んですごく衝撃を受けた。そもそも、自分の親がそんな「労働基準法」に則った働き方じゃなかったし、それこそ法律の意図と自分達の現状が全然合っていない。あまりに私達は自分を大事にしていない。

知性と理性と自尊心

栗田　鈴木さんの本のなかに「風俗で働くのに必要なのは理性と知性だ」とあります。そして理性と知性を支えるのが、セルフエスティーム（自尊心）だというのを読んで、これは労働全般にあてはまる、知性と理性の根底がセルフエスティームであれば、労働基準法を守る方向にいくと思いました。

鈴木　風俗という仕事は情に流されやすい仕事だと思います。たとえばお客さんに土下座して頼まれたから、お客さんが可哀想だから、規定サービス以上のサービスをしてしまうとか。だから、「情を止める理性と、世の中の仕組みとか自分の仕組みをわかるような知性がないといけない」と、風俗で働く人たちに強く言いたかった。でも自分がいま風俗を辞めて看護師になったら、逆に自分にこそ、知性と理性が足りなかった！

栗田　セックスワークという領域独自の自尊心の必要性や、知らなければいけないことであるにもかかわらず知りたくないと感じてしまうこともあるでしょうね。セックスワークの際に「理性と知性が必要だよ」と、敢えて皆に伝えたということは、「理性と知性」の欠如によって、現実に大変なことが多かったということですよね。

鈴木　でも、他の業種も皆、働く人たちにはみんな、理性と知性が必要だったのです（笑）。セックスワークの現場だけがドロドロだと私は思っていました。もうちょっと、他の業界、特に「堅気」と呼ばれる仕事の現場なら理性と知性があるのかと思っていましたけれど、とんでもなかった！（笑）。ワーカホリックっていう言葉があるくらい…、それって、ヒモの男に金をごっそり取られているのと同じですよね？「ヒモに貢いで風俗嬢は哀れ」という物語があるけれど、会社に何十年も、何十時間何百時間も無償残業をして貢いでいるのと、どう違うのでしょうか。

栗田　鈴木さんの関わった『買春と売春と性の教育』（十月舎、二〇〇一年）という本の中で売買春が男女の既存の枠組みや、社会構造を支えてしまうと話されていますよね。その当時はセックスワークをされていたと思うんですけど、そのときに既に「社会構造を支えてしまう」と話されている。

鈴木　でも、看護師になった今も支えている。というか私は、看護師として一人前の働き手として認められたくて、その構造を支える柱の一本になろうとしている。その私の姿を見て後輩看護師が「鈴木さんみたいに何時間も無償残業できるように頑張らなきゃ」って思うような見本になっている。そして就職したばかりの後輩も、結局その構造に巻き込まれていくことになる。それは、傷の連鎖というか、悪いパターンを繰り返し再生していくということです。

『We』の対談の後で、今まで自分は被害者だと思っていたけれど、被害者だと思っているだけではこのパターンから抜け出せないと強く思いました。

栗田　例えばセックスワークの場合は会社というと風俗のお店になると思いますが、「お店を支えよう」という発想にはなりにくいのでは？

鈴木　うーん、セックスワーカーは基本的に個人事業主ですね。

栗田　やはり組織を支えるという発想とは違ってきますね。

鈴木　組織を支えるというのは、私にはありませんでした。あとやっぱり、セックスワーカーって時間で動いていますよね。この客は六〇分のオーダーだから、きっちり六〇分で仕事を終わらせよう、となる。六〇分の料金で、無料で延長サービスをしていたらひどいルール違反です。罰金を取られますよ、私の働いていた店では。

それにいつまでも店に居残ることもありませんでした。「私はサーフィンがやりたいから、風俗の仕事をやっているんだ」とか言って、勤務時間が終わったらさっさと帰る。誰かが居残りして書類を書いているとか、ちょっと早出して客のカルテを調べなきゃ、みたいなことをしている人はいなかった、一人も。

看護師になってみたら、みな定刻一時間から三〇分前には出勤して、仕事の準備を始めるんですよ。そして定時に上がる人はごく少数。一、二時間の無償残業は当たり前。そればかりか休日に無給で出勤してくる人、仕事が終わった後に一眠りして、夜中に無給で出勤してくる人もいます。誰も文句を言いません。本当に驚きました。

かく言う私も、看護師になってから一ヵ月の休日が二日、なんてことがザラでした。でも、私もみなと同じように文句は言わず…。文句を言うのは職場で私だけだったから浮いてしまったのです。しっかり常勤として無給の出勤や無償残業をやり続けて六年目に入りました。今では委員会など主要な役割まで振られて、「主任になれ」とまで言われる適応ぶりです。

栗田 私なんてほんとうに中途半端な存在です。非常勤なのにうっかり五年もいるもんだから…。

鈴木 栗田さんなら仕事をよく知っているし、栗田さんに聞いたら何とかなる、みたいな。

栗田 （苦笑）非常勤といっても、長くいればいるほど絶妙に組織を支えちゃうことには変わりなくて。愛情というか、場への情も湧いてくるところもありますし。

鈴木 仲間を支える、みたいなのもあるし。

栗田 そうそう。そういう仲間を支えるという素朴な思いを「構造を支える」方向に持っていかれてしまうことに、すごく複雑な気持ちがある。そこでどうやって理性と知性を働かせたらいいのかが五年も働くと、だんだんわからなくなってきてしまう。

鈴木 だから私も、どうしたらいいのかと思っていて。こんなにひどい労働条件でも「子どもがいるから働かないと」って、子どもを言い訳にすることができるんです。子どもを人並みに育てなきゃいけない。そのためには、労働に関する不満というのは、親として我慢すべきだと思う。職場の先輩は、家を買って、その家のローンのために頑張るそうです。「子ども」と「住宅ローン」。労働者をしっかり働かせる動機付けとなるのは、この二つです。

栗田　すごい。はっきりとモチベーションが分かっている（笑）。

鈴木　先輩に、なんで働くのですかと聞いたら「家のローンを払うために決まっているでしょ！」と即答されました。結婚して、子どもを作って、子どもを育てて、あるいは家を買って、というライフコースが労働の動機付けになっている。独身女性でも、老後のために家を買うとか老人ホーム入居費用を貯金するとか。要するに労働の動機というのは、社会によって用意されている。そして用意された商品を手に取るようにさせられている。

栗田　たぶん変えていく方向が見えない一つの理由として、「愛」が、この社会構造を支える原動力になってしまっているからだと思う。だから、ある種まっとうに生きようと思えば思うほど傷の連鎖も含めた社会の構造を支えてしまう。表現が悪いけど私が若干グレちゃってるのは、私がたとえ正社員になってもパート・フリーターの存在そのものはなくならない。ここから抜け出したとしても、私自身は違うけど私じゃない人がパート・フリーターをやっているだけとなると、それも空しいと感じてしまう。

もう一つは子どものときの感覚が抜け切れないのだと思う。両親は「子どものために」辛い労働をがんばる。そうすると自分のために親を頑張らせているのかと思って、自分の存在が罪深く感じてしまう（苦笑）。そういえば、やはり『Ｗｅ』で連載されている朝日新聞記者の竹信三恵子さんのエッセイ「ミボージン日記」にも、シングルマザーである母への罪責感が語られていますが、それはシングルマザーの家族だけの話とは思えない。いつも私は母に対して申し訳ない感覚を抱いていました。といっても私はまだその頃一〇代で母を支えることは難しいし、母自身も、「子どもに助けられる」ことは拒否していたと思います。

さっき「労働基準法を知らなかった」という話がありました。性教育バッシングの話を聞くと、労働のことも学校で話せばバッシングを受けるかもと危惧してしまう。

鈴木　よからぬ情報を流すな、みたいな。みんな権利を知らないから今の状態で働いていられる。知ったら労働者たちが「ふざけんなよ」って立ち上がってしまうかもしれませんからね。

栗田　教育現場において、フリーターは「落伍者」で、正社員として働くことこそまっとう、ということはいまだに語られているみたいです。というのも、将来の夢を聞くと子どもたちが「正社員になりたい」って言うんですって。

鈴木　（笑）プロ野球選手とかではなくて、「正社員」がスーパーヒーローのような扱い。

栗田　でも正社員は現代の日本社会ではスーパーヒーローなのかもしれない。ある先生が、やはり学生にはフリーターは勧められないと語ってくれました。「安定した労働と不安定な労働との二種類があるが、安定した労働につかなくてはならない」という物語が、まだ教育現場にはある。

鈴木　そうですね。だからやっぱり私は、労働基準法や労働にまつわる法律を、きっちり教えてほしいと思う。車を運転するのに道路交通法を知らなきゃいけないのと同じだよって思います。さもなければ、この労働環境は変わらない。

栗田　無知を温存させる構造と、無知のまま突っ走っちゃう個々人が存在する。さらには危険な

鈴木　話だけど、知ってしまうとつらいから「無知でいたい」と思ってしまう人すら存在するかもしれない。

栗田　そう、知りたくないって。

鈴木　この三者で社会が成立するとしたら、まさに無知ゆえの搾取という労働現場におけるロリータ的な状況が生まれてしまう。

栗田　何も知らない生娘を（笑）。

鈴木　ほんとに、それは比喩じゃない（笑）。

栗田　年増になって知り過ぎてしまうと、お客さんがつかない、みたいな。

栗田　日本では新卒優遇といわれるけれど、生娘優遇と言うと本質が分かりやすい。結局スレていないほうがいいという発想は、ほかの環境を知らないゆえに「会社とはこういうもの」とまっすぐ突っ走ることを奨励されているわけですよね。

鈴木　そうなったら立派な社会人になったということになるんでしょうね。

栗田　「アレ？」と気づいたときに家族がいたりして抜け出せなくなる。

鈴木　家を買ってローンが三十何年もあるから、抜け出せない。

鈴木　セックスワーカーだったせいなのかよくわからないのだけど、商売じゃない場で出会う男性とのナチュラルな？付き合い方がわからないのです。デートを何回か繰り返していて、結婚の話が出てくると、もうわからない。苦手な数学の方程式のように、ちんぷんかんぷん。

わかっていることは、結婚は契約だということ。なぜその契約をわざわざするのか、という理由が私にはわからない。私はシングルマザーだけれど、今の状態で充足している。なぜ「好きだから」という理由で男性と一緒に暮らして、そこで婚姻届という書類にサインをするのかという理由がわからない。「好きなら一緒に暮らしたい」というふうにならないから、なんでこんなシチ面倒臭いことやるのかと思ってしまう。

栗田　私の知り合いでもある桐田史恵さんという女性が、「陽のあたる毛の会」を結成し、京都で「反婚」デモを行ったことがあるんです。

鈴木　すごい。

栗田　「非婚」じゃないんですよ。

鈴木　素晴らしい！

栗田　なぜ反婚かというと、「制度」を問いたいからだと。つまり、「非婚」というと個人の選択の問題になってしまう。でも、「反」と掲げるのは、結婚は制度であり、その制度自体に反対を訴えたいということです。彼女は一〇代で妊娠、出産を経験した際に制度としての「結婚」が経済の保障にならないことに気づいたと語っていました。しかし結婚はいまだに何かの「保障」となっているようなイメージが流布している。

鈴木　そうですね。

栗田　「契約」という事態にはロマンチックな要素が浮かび上がらないのに、実際はロマンチックな部分が重要視されている。そこがさらに結婚制度の不思議なところで。

鈴木　結婚をする人は、育つ過程で「結婚すること」を学んでいって、だから「エンゲージリングを買おう」とかなるのでしょうけど、私の場合は、どうしても腑に落ちなくて。私は、二一歳のときに外国人と婚約をしたけれど、外国人だと結婚の手続きが複雑なんですね。それで余計に面倒くさくなって「もう、やめようよ!」となった。

　でも結婚に対する憧れはあります。結婚制度に対する憧れではなくて、好きな人と一緒に暮らす「ラブラブ生活」ということには憧れる。でもそれが結婚という制度を選ぶことなのかと問われれば、「結婚することで何のメリットがあるの?」と言い返してしまう。なんで、そんな複雑なことをするのかっていうのがわからなくて。私は、一回結婚して一カ月で離婚しました。それは、結婚すると、どちらかに姓を絶対に変えなくてはならない。その意味がわからない。「好きな人の名前になりたい」と思えない自分がおかしいのかもしれません。でも姓を変えるとしても、なぜ変えるのかがわからない。

あと妻に連れ子がいる場合、夫の養子にしないと、その子どもは戸籍が母親から離れてしまいます。私が結婚したとしたら、私の子供は私の戸籍から切り離される。夫となる人と私は一つの戸籍になるけれど、子どもだけ別になる。子供だけ一人ぼっちの戸籍になる（注2）。

栗田　はあーっ⁉

鈴木　同じ戸籍に入るには、その「夫」が子どもと養子縁組をします。結婚したら家族になるのだから、戸籍もみんなで合体しよう、ではない。

栗田　それはぜんぜん知りませんでした。結婚制度のことで知らないことはまだあるのでしょうね。それは婚外子差別的なシステムですね。婚外子差別の根っこには家父長制の問題も深く絡んでくる…。

鈴木　相手の男の連れ子だったらどうなるのかわからないけど、少なくとも女の連れ子の場合は別戸籍になります（注3）。みんなが別戸籍、一人一戸籍だったらわかります。夫婦は合体する、だけど妻の連れ子は排除する、夫が認めれば同じ戸籍に入れてあげる、というのが衝撃でした。

栗田　「結婚制度」に従わない者への国家からの残酷なペナルティという印象を受けますね。

鈴木　だから結婚してから気が狂いそうになりました。その一カ月間は、自分の人生が自分の思い通りにならない感じでした。それが気持ちが悪くて悪くて。私の息子は非嫡出子なので、とことんまで非嫡出子。そういうことも公民の授業でやらないといけない。労働基準法も民法も教えないといけない。だって絶対に結婚って日本社会の通過儀礼の一つだし、正社員になるのだって同じような通過儀礼でしょう？
　正社員になることのメリットも理解できない、結婚についても理解できない私は、やっぱり落第生なのかな。こんな落第生の私にも、結婚や正社員になることの意義を、それがあるのだとしたら、わかるように説明してほしいのです。
栗田　たとえば一九七〇年代、ウーマンリブの活動のなかで共同保育をやろうとしていたり、九〇年代に、「だめ連」という動きのなかで、フリーターの男性が一軒家をシェアしてシングルマザーの子どもの面倒をみていたことがあるそうです。その一軒家は「沈没ハウス」という名称でした。フリーターの男性はいわゆる結婚相手に選ばれる可能性が低いのだとしたら、当然子育てにも直接はかかわりにくい。だけど、こういう形で子育てができて、すごく幸せを感じたと語る男性たちがいた。なんという母性的な男性たちだろうと思ってドキッとしたんです。自分の子じゃないのに、すごく可愛いと思ったと書いてあった。
鈴木　今、沈没ハウスってどうなっているんですか？
栗田　沈没ハウスそのものはあるのだけど、子どもがいなくなっちゃった。
鈴木　あ、そうなんですか。
栗田　オリジナルメンバーが、みんな出て行っちゃったみたいです。オリジナルメンバーの子どもが大きくなったというのもあるのでしょうが、そこを継続させるのは難しいのかもしれません。というのも、そういう共同保育の場があちこちに増えているというのを、あまり聞かない。それが社会構造とぶつかるということなのかなあと。そういえば、私の女性の友人で結婚してからのほうが経済のことを考えだしたという人が多いのです。それまでは…。

鈴木　興味がなかった？

栗田　ある友人はジェンダーやセクシュアリティに関心を持っていたのだけれど、例えば労働や経済の問題となったときに、ジェンダーやセクシュアリティと絡めては考えていない印象を受けました。その後その友人が結婚したときに、「結婚して初めて、自分が経済的な制度に囲まれている人間だって意識した」と言ったとき、「それ以前はじゃあ、何だったんだ？」という感じでした。女性は案外と結婚するまでは、そこが問題として棚上げされている意識があって、結婚してからそういうのを突きつけられる人が多いのかもしれません。

鈴木　共働きというか、男と対等に稼ぐ人にとっては、結婚は、あまり恩恵がないような気がします。旨味がわからない。経済的なメリットばかり考えている私もどうかと思いますが（笑）。

男性は猛獣？　男性は排除？

栗田　直感で感じることなんだけど、私にとっては労働するのとセックスすることが同じレベルにある。私の場合、結婚より前に自分がセックスするということそのものが信じられない感じがありました。

鈴木　マジですか（笑）。

栗田　セックスをものすごく「一人前」の行為と考えていたから、労働と重ねて考えていたのだと思います。「労働」も「セックス」も変な情報ばかり流れているのに、等身大の情報を知らなかったりするとか。女性で異性愛の場合は相手の男性のほうがたいてい力が強いから、暴力を振るわれたらどうしようと、どこかで思っていたし…。

鈴木　だから私は付き合う男性は「怖くない男」を選んでいたときがありました。車椅子の男性とか。すごく差別的な意識なのだけど。

栗田　わかります。自分より力がある人と、どうやって対等にセックスが成立するのかなと思っていました。

鈴木　猛獣使いの気分になるでしょう。私はこの虎をどう扱うか、みたいな。

栗田　（笑）そう！

鈴木　ふたりだけで檻に囲まれて、みたいなね。セックスワーカーの時もそうですね。ふたりだけで男の人と個室に入るから。

栗田　男の人を「猛獣」として感じる感覚が、ある程度抜けるまで時間がかかりました。正直、今もどこまでそれが抜けているか保証がない。この私が持っている男性への眼差しには社会の罪深さが入り込んでいます。

鈴木　だから私は、自分より背の低い男性ばかりを相手として選んでいるのかな。

栗田　こんなところで手を取り合うのもどうかと思いますが（苦笑）、私もです。意識して選んでいないと思うけど、背の高い人を選べなかった。

鈴木　私も背の高い男性と並んで歩いていると、「おおっ」と思う。

栗田　怖い感じですか？

鈴木　そう、威圧感がある。だから、自分より背の低い人を選んでいるのかなって思います。

栗田　不当なことを自分はしているとも感じる。結局自分は、「力」というものに、すごく重きを置いた価値観を持っているのかと。自分より力が弱いものと、性愛ではなく付き合うときでも、どう振る舞うのかとすごい気になります。

鈴木　私も「力」に重きを置いていて、だから自分の子どもに対しても、自分が強者だから言いたい放題、やりたい放題になってしまう。彼が絶対的に私に依存していることがわかっているから、自分に「力」を感じて…。

栗田　親子関係は腕力はいつか上回るとしても、プレッシャーからか歯向かえない場合もある。とくにシングルマザーと息子という関係だと、母親が絶対というところもあるでしょうし、そこで連鎖というのはあるかもしれない。

鈴木　着実に次世代へつないでいる（笑）。

栗田　私は子どもを産むということについて、意識できる範囲では狡猾に避けてきました。セックスを自分がするものとは思えない感覚の延長に、子どもという問題もある。なにより子どもを持つことへの恐怖がありました。

子どもを産むという問題は、実際には、産んだ親と子どもが濃い関係を持つことがほとんどと思いますが、子どもは血のつながりのある人だけのものではない部分があるでしょう。子どもは人として社会的な存在だし、親や教師以外にもいろんな人と関わって育てられれば、ベストなんですが、今の日本では子育てを親という立場の人に任せてしまっている。

鈴木　でも私は今、女友達とルームシェアしているので、子どもは彼女に育ててもらっています。彼女はお弁当も作るし、休日は息子の面倒を見るし、育児を全面的に担ってくれています。そういう「同性と育てる」みたいなライフスタイルを示すと、憧れてくれる人もいるのだけど、ちょっとこれはヤバいと思っています。

それは、私の生活が男の人をオミットしているから。男の人は長時間労働だから、ルームシェアをしても今の女友達みたいに子育てを手伝うことはできない。だって夜中に帰って来て朝早く会社に行くのだったら、どこで子育てに関わるの？　それに料理や掃除もできなかったり、稼ぐお金だって、今の時代では私と大して変わらなかったりする。経済的な援助も期待できなければ、家事労働者としても役に立たない。それなら男性と一緒に住むのは面倒だ。だから男性を排除する。セックスしたければ外で好みの男性としてくれればいい。でも、そんな効率重視みたいなライフスタイルでいいのかな、とも思っているんです。

栗田　ひとつ確認したいことがあります。一般に風俗のお店は、当日に出勤か欠勤かは決めることはできるのですか？

鈴木　私の働いていた店は、あらかじめ「この日に出勤します」と事前に届けます。当日欠勤はけっこう厳罰に処せられます。当日に出勤か欠勤か決めるお店もあるのかもしれませんが、たぶんそういう店は稼げないんじゃないでしょうか。女の子がわんさかいる日であれば、フリー客がまわって来ない。出来高制だから出勤するだけではお金は貰えない。事前に出勤日を決めるシステムだと、女の子の少ない日に出勤したり、女の子の多い日は指名を入れておかないと稼げないとか、考えながら出勤することができます。

栗田　なるほど。その日に行けるようなお店もあるかもしれないけど、そこは稼ぎ高として確実かどうかは保証はないと。なぜそんなことを突っ込んで聞いたかというと、メンタルヘルスを抱えているから風俗を選ぶ人も多いという話を聞いたことがあり、実際どうなのかを確認したかったんです。

鈴木　風俗は、そういう女の子たちの安全弁になっていることがあります。個室待機で人と会わなくていいし、客といってもその場限りの関係。メンヘルでも、フェイクな人間関係は案外得意な人もいて、人気が出るケースもある。会社に行くと気持ち悪くなってしまって出社拒否になってしまったとか、そういう人たちにとっては収入を得るための場となります。一ヵ月に一〇日だけ働いて、月収が五〇万円を超えたら、あとの二〇日間は鬱で寝込んでいても生活できる、とか。

栗田 女性のある種の生き難さと…。

鈴木 働きやすさと(笑)。

栗田 そこでまた、嫌な感じで社会と連動しているような気がする。

鈴木 そうですね。鬱の女の子たちは、風俗店において貴重な労働力かもしれません。社会構造の中で鬱病に追い込んで、その上でセックスワークの場に流し込んで。

栗田 それは感じますね。そこで自尊心（セルフエスティーム）を持つことが幾重にも難しい。性風俗じゃなくても、社会の中で鬱にさせておきながら、ある枠組みに押し込めるといったことはあると思います。逆に言えば、性風俗において、セルフエスティームを持って、しかも社会との接点を持って働けたら、すごい社会改革になるのかもしれない。

鈴木 今、このめちゃくちゃな労働環境の中を生き抜くために、セックスワークが重要な「労働」の場となっていることは認めざるを得ない。

栗田 いわゆる「普通の労働」と呼ばれるものを一概に肯定できないように、セックスワークが肯定できないというのがあります。他方で、逆に今、いわゆる「普通の労働」が肯定できないからこそセックスワークを否定できないだろう、というところはあるかもしれませんね。

鈴木 セックスワーカーになることで、シングルマザーが生き延びることができるかもしれない。

つまり、母親の健康を保ちながら、経済的にも子供を育てることができるかもしれない。私が明日に過労死して、短い命で、子供も数年しか育てられなかったけれど、看護師として立派に殉職しましたというのと、セックスワークをやりながら息子を成人まで育て上げて、自分の趣味の時間も楽しみながら人生を送って死んだっていうのと、どっちが幸せで、どっちが非人間的な生き方だろうって思います。

栗田　たぶん、今までみたいに堅気であることと堅気じゃないことという線引きそのものが無意味。労働そのものがモラルハザード機能を引き起こす中で、セックスワークだけが今までのように「堅気じゃない」と言えるような状態ではない。私自身が、安定した職業に就いたことがないから僭越と言うか、おこがまし過ぎて言えなかったのですが。

私自身、自分はセックスワークしたほうがいいんだろうか、どうだろうか、ほんとに悩んだことがあります。鬱で、しかも器用でもない人間ができる仕事があまりなくて。しかし、この体型で雇ってくれる店があるのだろうかと思って「デブ専」というのを調べると、デブ専のお店はもっと太っていないと商品価値がない（笑）。

鈴木　ちょっと痩せてるほうになっちゃう、みたいなね。

栗田　性風俗においてもやはり私は使えない人間だと思って、頭を抱えました。

鈴木　栗田さんなら働けるお店はあると思うんですけどね。要はサービス業だから。何店も面接受けるっていうパワーがあるのか、とか。

栗田　それって実質的な就職活動です（笑）。さらに最近、性風俗において、「ハプニングバー」というのができたことが衝撃でした。性的な関係が客同士で生じても、それは全然ＯＫという制度なんですね。店の規約にはお客の女性には嫌な思いはさせませんと書いていますが、会社として店員の保障をするのとは違うわけです。それって自己責任の論理とすごく似ている。お客として好きで来ていて、性的ないろいろなことが起きても、あなたが好きでやっているんだからいいでしょう、と。だけど男性と女性では客としての支払う料金が全然違う。女性は無料に近いくらい安い。女性に一見サービスしているように見えますが、むしろ店側は女性にある種の振る舞いを要求しているようにみえます。

鈴木　無料のホステスになってるんですよね。

栗田　さっきの「生娘がいい」じゃないですが、女性をどこまでも安く買い叩くという発想が、性風俗で、こういう形で来ているとしたら凄まじいなと。あとで詳しい友人に聞くと、そういうところに来る女の子はお茶はタダで飲めるし、居場所がないからそんなところにいるんだと言っていました。コスプレなどもお店にあるんだけど、自分で準備して来る。

鈴木　準備して来る？

栗田　ええ。ワイシャツを羽織っただけとか、いろんなバージョンがあるらしいんですが、男も変な状況なんだけど、女の居場所もどこまでないんだろうと。そんな女の子は労働問題にはたぶん関心がないだろうし、『フリーターズフリー』は内容が難しいし。そういう女の子に話しかけたいと思っても、難しい。

鈴木　でも、素人の人たちのほうが性を奔放に楽しんでいるみたいです。こっちは商売だから、けっこう型にはまっているというか。すごいんだなあ、素人さんたちって。

ツケが回る

鈴木　看護師になって、休憩時間が短いことがものすごいストレスでした。患者が急変すると、休憩どころじゃなくなる。でも休憩時間がカットされた分は、超過勤務としてお金をもらうべきだと思うし、上司もちゃんと超勤をつけるべきだと思います。

でも実際には、患者さんの具合が悪くなったら、自分たちは八時間働いて休憩がたったの一〇分しかもらえなくても、患者さんを助けるためだから仕方ないみたいな感じがあって、すごいストレスを感じました。誰も何も文句を言わずにダッシュして、まるでドラマの『ＥＲ』みたいな場面をやっていた。私は一度でもそういう目に遭った場合は、何日も何日も怒り続けて忘れられなかった。「休憩が一〇分しかもらえなかった」と心の中で言い続けてしまう。「患者さんが助かってよかったわー」と思うよりは、「何なんだこの労働条件は！」ということばっかりに視点が行ってしまう。

栗田　結局ツケは、看護・介助に携わらない人間に返ってくると思うんですが、そういう現実を見ないことにして、知らないことにして、看護・介護・介助をする人にしわ寄せしているところがある。

鈴木 みんな高齢者になったら病院に絶対に世話になるから、そのときに非常にひどい状況に置かれていると気がつくと思います。歳を取れば必ず病気になるから病院や施設に来る。今はほとんどの人が病院や施設で亡くなっているでしょ。病院で死ぬのは、実はすごい死に方だったりする。労働基準法も守られない環境で働く医師や看護師・介護士たちに命を委ねるのだから。

労働者を大切できない病院や施設が、患者だけは大切にできると思うのは甘いでしょうね。そんな場所で死にたいですか？　知らないから、のほほんとしていられるけどねって思います。医師や看護師・介護士たちの過剰労働のツケが、みんなの医療・福祉にかかってくる。ろくに眠ることも許されなければ、医師が誤診するのも当たり前です。

栗田 だからこそ、こちらから堅気というものを作っていかなければいけない。

鈴木 そうですね。「風俗なんか止めなさい、心も身体もボロボロになるわよ」というのと同じように、「あなた会社員なんか辞めなさい、ボロボロになるわよ」ということですよね？「あなた、こんなところにいたら死んじゃうよ、人格が崩壊しちゃうよ」と言わなくては（笑）。これまでは主に風俗で働く女性たちに向けられてきた言葉だろうけれど、「真っ当な」社会人や「普通の」仕事に就いている人たちにも言っていかなくてはならない。

栗田 今でも私、仕事が怖いんです。仕事でおかしくない場所などというものはない。「マトモ」

な場所はないというぐらいに思って、自分で作っていかないと、自分が潰されてしまう。でもすぐには作れないから、なんとか仲間と相談、作戦会議をしていくしかない。

鈴木　でも悲しいことに、今の職場にだんだん馴染んで、仕事が生き甲斐になりつつある私がいます（笑）。六年にもなると、仕事があるから私があるみたいな気持ちにシフトしつつあって。内科、外科、小児科など病棟勤務の看護師は職場が移動します。でも私は移動していなくて、今の病棟では一番の古株になってしまいました。スタッフは何でも私に聞いてくれて、委員会や係など、いろんな役をいただいて、プライドをくすぐられる。だからこそ構造に目を向け続けないと、「私の上司はいい人だから」みたいな、情で流れていってしまう。

栗田　たぶん私が幸か不幸か、ワーカホリックになり得ないのは、からだがめちゃくちゃ弱いからかもしれません。もうちょっとタフだったら、正社員になろうとしていたかもしれない。私の場合は、とにかく体が動かないところから始まってしまうんですね。

鈴木　賢い。

栗田　体だけ（苦笑）。自分は大学院卒の文化資本を得ている立場であって、なおおこがましくこんなことを語るのは、この体ゆえかもしれません。

堅気の仕事を作ろう

栗田　この社会における資本主義と言うか、市場原理と言うものは何でも使うんだなあと感じます。愛も生き甲斐も家族も。今日の話の中で私はわざと絶望的なほうに話を向けようとしたのは、構造を根本的に変えていこうという話をしたかったからです。

かつて派遣法の緩和をしたときにも、これで雇用が生まれると言って派遣法は緩和された。でも実際はそうはならなかったわけで、むしろ解雇しやすい人を増やしただけだった。構造を変えていくというのは企業だけ、国家だけ、家族だけが変るということではなく、すべてが連動していく中で複合的に変えていくしかない。あとは市民活動の裾野を広げるとか、中学校や高校で話すとか、そういうことを同時並行してやらなくてはいけない。地味な市民活動とシステム的な変革を同時に進めるような…。

鈴木　栗田さんが『Ｗｅ』の対談のときの質問で、「私がシスターになろうと思ったのも、鈴木さんがセックスワーカーになろうと思ったのも、すごく変わっている」と言われて、「えっ⁉」と思って。それまで、私は自分が変なんだと気づかなかった。そういう選択肢を選ぶということが、すでに普通じゃないんですね。

栗田　「そこまでやらないだろう」って言いましたよね。シスターを目指していた人間と、セックスワーカーに従事していた人間が「労働を考える」地点で出会っていることは非常に示唆的だと思います。

鈴木　堅気の世界がないのではないか、堅気だと思っていた世界が、実はヤクザな世界であったということに気づきつつある人たちには、どのようにアプローチしていったらいいのでしょう。

栗田　今日話したかったのは、とにかく資本主義は社会構築のために何でも使うということです。鬱も使うし、責任も使うし、愛情も使う。

鈴木　でも、それからどうやって逃れたらいいのかまったくわからない。私は、本で「セックスワークをボイコットする」と言っておきながら、正規労働をボイコットできないでいて、非常に歯がゆい（苦笑）。

栗田　堅気がどこかにあるというよりも、やはり自分たちで堅気を作り上げていくという方向に行くしかないかな、と。最初に戻りますが、やはり地道な「学び」そして「伝えること」をしていって、場をつくるしかないと思う。そういう活動で燃え尽き症候群にならないように生き延びながら（笑）。

注1　労働基準法第三二条には、「使用者は、労働者に、休憩時間を除き一週間について四〇時間を超えて、労働させてはならない」また、「使用者は、一週間の各日については、労働者に、休憩時間を除き一日について八時間を超えて、労働させてはならない」とある。しかし、「使用者は、当該事業場に、労働者の過半数で組織する労働組合がある場合においてはその労働組合、労働者の過半数で組織する労働組合がない場合におい

ては、労働者の過半数を代表する者との書面による協定をし、これを行政官庁に届け出た場合においては、第三二条から第三二条の五まで、若しくは第四〇条の労働時間に関する規定にかかわらず、その協定で定めるところによって労働時間を延長し、又は休日に労働させることができる」（同法第三六条）とする。いわゆる三《さぶ》六《ろく》協定である。

濱口桂一郎『新しい労働社会——雇用システムの再構築へ』（岩波新書、二〇〇九年）によると、「戦後労働運動史においては、三六協定を締結せずに残業を許さないのは組合差別であるという訴えが労働委員会や裁判所で認められてきた」歴史があったという。さらに男女雇用機会均等の考えにより「女性労働者の労働時間上限の撤廃が消え」、これにより「健康のための労働時間規制という発想は日本の法制からほとんど失われてしまった」。ちなみに国際労働機関（ＩＬＯ）の第一号条約（日本は未批准）では工業の労働時間は八時間／日、四八時間／週であり、時間外労働を行わせる条件は厳しく、三週の平均が上記の条件を超えてはならない。日本のような長時間かつ日常的な時間外労働は禁じられている。

注2　戸籍法第一六条には、「婚姻の届出があったときは、夫婦について新戸籍を編製する。但し、夫婦が、夫の氏を称する場合に夫、妻の氏を称する場合に妻が戸籍の筆頭に記載した者であるときは、この限りでない」とある。再婚時もこのように「夫婦」の新戸籍が編成される。その際に夫婦どちらかに子どもがいる場合は、親権者が再婚すると、親権者は籍を離れて新しい夫婦間で戸籍が作成され、その新しい戸籍に親権者だけが入るという奇妙な事態が起こる。そこで、新戸籍に「連れ子」を「入籍」させる場合と、「養子縁組」を作る場合とがあるが、「入籍」は、民法第七九一条および戸籍法第九八条にしたがって家庭裁判所に届ける必要がある。

注3　子どもだけが別戸籍になるのは、「女性」の連れ子だからという事由ではなく、「子が父又は母と氏を異

にする場合には、子は、家庭裁判所の許可を得て、戸籍法の定めるところにより届け出ることによって、その父又は母の氏を称することができる」（民法第七九一条）に依拠したものである。ただし、日本では夫の姓を名乗ることが多いため、子どもの立場からみれば「養父」の氏を名乗るために入籍（または養子縁組）しなければ母と同じ籍に入れないこととなる。いわゆる母の「連れ子」が疎外されるという感覚は、このような現状（法律＋慣習）から生じている。今後、夫婦別姓が成立した際の要はこの婚姻内／外の「子ども」の戸籍上の位置づけとなるだろう。「入籍」ではいわゆる養父と子の法定血族関係は生じないが、養子縁組の場合は法定血族関係が生じ財産の相続に影響する。

（注作成　栗田）

4

草食系男子と性暴力

森岡正博×杉田俊介

2009年11月19日　大阪府立大学

杉田　二〇〇八年一二月刊行の『フリーターズフリー』2号のテーマは「女性の労働と生活」でした。特集の一つが「性暴力」で、森岡さんには「「モテない」という意識」を哲学する」という原稿を頂きました。そこでは、秋葉原無差別連続殺傷事件に象徴される、非モテ意識と暴力の問題の先で、「非暴力の哲学」を開く必要が述べられました。杉田と大澤信亮は、女性からの暴力をふくめ、性と暴力を問い直す原稿を書きました。そこでは男の性の「語れなさ」への躓きがありました。また森岡さんと以前「G★RDIAS」という共同ブログに関わっていた小松原織香さんからは「「レイプされたい」という性的ファンタジーについて」というとても刺激的な、ある種のフェミニズムのタブーに切り込む原稿を頂きました。

そして今回のトーク集は、本誌2号のサブテキスト的な役割を果たすものでもありますが、その中に広い意味での「男性運動」についての対話をどうしても入れたかった。誰と議論したいかと考えると、真っ先に思い浮かんだのは、やはり、森岡さんでした。

森岡さんは、一九九五年の「田中美津論」(『生命学に何ができるか』勁草書房、二〇〇一年、所収)以降、『感じない男』(ちくま新書、二〇〇五年)、『草食系男子の恋愛学』(メディアファクトリー、二〇〇八年)、『最後の恋は草食系男子が持ってくる』(マガジンハウス、二〇〇九年)などで、男性性についての思考を粘り強く展開されています。その場合、森岡さんは、一九七〇年代のウーマンリブからフェミニズムへと至る厳しい男性（性）批判のインパクトを全身で引き受けながら、「男」の欲望や生き方を問い直していく。ある意味で、男性運動における、ウーマンリブの田中美津的な存在だと思う。このスタンスは近年の草食系男子論でも基本は同じだと思います。

後ほどもふれますが、一九七〇年代から少しずつ展開されてきた男性運動は、一九九〇年頃にはおそらく一段落を迎えました。では、広い意味での男性運動／男性学／メンズリブなどのムーブメントは、現在、どんな状況にあるのか。過去の歴史から何が継承され、何が継承されていないのか。

ぼくの見るところでは、いわば「ポスト男性運動」的な状況ともいえる現在、バックラッシュ、非モテ、草食系男子、動物化、オタク、ライトオタク、子どもポルノ、擬似子どもポルノ、DV（ドメスティック・バイオレンス）、加害者臨床、性犯罪者の更正または規制（メーガン法）などについて、統一的に思考しうる男性性に関する理論は、いまのところ存在していません。それはなぜなのか。男たちをある種の「感じなさ」が覆っているようにも見えるけれども、その正体は何なのか。そして今後、どんな論点や生き方の問い直しが生まれうるのか。そうしたことも議論できれば、と思っています。

森岡　はい。

杉田　ではまず、現在ブームの草食系男子の話からいきましょうか。そもそも森岡さんは一時期、

「感じない男」ブログで、モテと非モテについての問題提起をされていました。そのブログ記事の延長上で、『草食系男子の恋愛学』が刊行されます。刊行前にぼくは『草食系男子の恋愛学』の草稿を読ませて頂いていました。刊行前の草稿のタイトルは確か『優しい男子のための恋愛学入門』だったと思うんですね。「草食系」という言葉は、森岡さん自身ではなく、最後に編集者サイドがつけたものと聞きました。ただ、読んでみると、やっぱり非モテについての本にも読める。

非モテの話と草食系の話には、重なる部分と少しズレる部分があるわけですが、まず、この辺はいかがでしょうか。

森岡　「草食系男子」という言葉は、二〇〇九年の新語流行語大賞のトップテンに入賞するほど、大きな話題になりました。経緯はいろいろありますが、この言葉は、二〇〇六年一〇月に、コラムニストの深澤真紀さんによる日経ビジネスオンラインの記事の中で発明され、これが二〇〇七年に『平成男子図鑑』(日経BP)としてまとめられます。そして二〇〇八年四月に女性誌『non-no』が「男子の草食化」特集を組んで、世間の認知度が一気に高まりました。

しかし、二〇〇八年七月に出版された私の『草食系男子の恋愛学』がブームの火付け役の一つだったことは、確かでしょうね。タイトルの「草食系男子」という言葉は、今おっしゃったようにメディアファクトリーの編集部が付けてくれたものなんですね。本文自体は二〇〇七年に書いていましたが、そこには「草食系男子」という言葉は出てこないんです。「あとがき」にチラッと出てくるだけ。タイトルが一番最後に決まったので、私も慌てて「あとがき」に書いたんです（笑）。

そもそもあの本は、若い頃の自分に向けて書いた手紙のようなものです。私も若い頃は、今でいう非モテ的な意識に散々苦しんできましたから。『草食系男子の恋愛学』を書いた動機の一つは、モテなかった頃の自分に向けて、今の年齢になった自分から言ってあげたいことがある、ということです。それと同時に、現在の若い男の子たちの中には、自分の若い頃と同じような恋愛の悩みを持っている奥手の子がたくさんいる、と思った。そういう苦しみのやり場が、今も昔もないいんですね。そんな彼らに宛ててメッセージを投げかけたかった、ということがあるのです。

さらにもう一つ、今日の話に関係することですが、この本の執筆は私なりの男性学の実践のつもりでした。その点はほとんど表面に出していませんから、その部分に敏感に反応してくれる人はあまりいないんですけれどもね。

大切なのは次のことです。『草食系男子の恋愛学』は学術書ではありません。実用書です。最初からその狙いでした。思想書や学術書のようにテキストを読むことの快楽を与えるというより、実際に使えなければならない。そのことをとても意識しました。あの本を読んだ男の子たちが、読後に、自分の恋愛や性愛についての行動パターンや生き方を変えられないなら、意味がない。学術書はあまり行動パターンに影響しないものが多いでしょ？

杉田　なるほど。森岡さんは草食系男子を「新世代の優しい男性のことで、異性をがつがつと求める肉食系ではない。異性と肩を並べて優しく草を食べることを願う、草食系の男性のこと」と定義しています。しかし同時にそれは、フェミニズム的な男女平等の感覚や対等意識を自然にインストールした男性たち、のことだと思うんですね。だから、マスメディア的な「草食系」のイメージでこの本を手に取った人は、そのギャップにいささか驚くのではないか。でも、むしろそのギャップにちゃんとつまづいたほうがいいです。つまり、優しい男子／非モテ／草食系などのファクターが絡みあいながら混在している本にみえるんです。

森岡　そうですね。ミックスされていますね。

杉田　ぼく自身はどちらかといえば非モテのメンタリティが強いので、『草食系男子の恋愛学』の一番好きなところ、というか一番クリティカルだと思った部分は、次の点でした。森岡さんが若い非モテ男性たちに対して、どうか自己呪縛を解いてくれ、と繰り返し説得を続ける部分です。森岡さんは執拗に、モテという洗脳だけは解除してくれ、と呼びかけるわけですね。核心的なのは、非モテ男性たちが、「自分ごときが異性から愛されるはずがない」という自己否定によって、むしろ現在の自分のアイデンティティに過剰にしがみついて、自分を変えるための努力を回避し自己免罪してしまっていないか、という点です。これは急所をつかれた、と本当に痛かった。その自覚を通して、非モテ意識の悪循環から「優しい男子」へと自らを変えていく可能性に森岡さんは賭けられる。そういう呼びかけとして受け止めました（これは実は、恋愛対象を次々変えて食い物にする男性や、モテ幻想に呪縛された女性への呼びかけでもあります）。

これに対し、二冊目の『最後の恋は草食系男子が持ってくる』では、基本的には非モテ問題は消え、文字通りの「草食系男子」のイメージが全面化しています。おかざき真理さんの絵からしてそうですね（対照的に、一冊目の表紙は浅野いにおさんでした）。

もちろんそれらはグラデーションの中で繋がっているはずですが、重点の移動があったのは確かです。これは意図的なものでしょうか。正直に言うと、『最後の恋は草食系男子が持ってくる』では、草食系というもともとは編集者の発案による言葉の重力に森岡さん自身が引っ張られ、内容も規定されてしまった、という印象も受けたのですけれども。

森岡　シフトはあると思います。「草食」と「非モテ」の差は何か、と厳密に考え始めると、結構込み入った話になりますけれどもね。ただ、『最後の恋は草食系男子が持ってくる』でも書いたように、非モテにも「草食系非モテ」と「肉食系非モテ」などのヴァリエーションがあるわけですよ。そこは細かく見ていかないといけない。最初の本はその両方がターゲットでした。私にはどちらの感覚もわかりますから。あれは非モテ「だけ」の本ではないのがポイントですね。

確かにその後「草食系男子」という言葉が流行語になったときに、非モテや男性の内面というよりも、とくに女性誌を中心として、男の子の外見が問題になっていた。お洒落で眼鏡をかけていて、自然体で、痩せていて…というイメージですね。「メガネ男子」っていうの？　そうしたイメージのおかげで「草食系男子」という言葉がかなり広く受けいれられたことは確かですが、そのことでかえって概念的には混乱をまねいた面もあるかもしれません。

ただ、『最後の恋は草食系男子が持ってくる』は、女性読者向けの本なのです。恋愛対象として、広い意味での優しい男子、草食系男子へともっと目を向けてほしい。というか、目を向けないといけない。そういうことを、女子たちに向けて言いたかったんです。だから二つの本ではトーンがずいぶん変わっている。ターゲットが違うわけですね。

最初の本では非モテの若い男性たちに向かって「マッチョになる必要はないんだ」というメッセージを出しました。自分で自分を縛っている呪縛を解いていけば、その人の人間的な魅力が、自然と内面から滲み出てくる。これは時間がかかるやり方かもしれません。でも、結果的には、それが一番のぞましい道なのではないか。

二冊目はこれと対になっています。つまり、女性たちの側にも「頼もしい男、マッチョな男でなければダメ」という呪縛があるわけですね。男性側が意識を変えても、女性側がジェンダーの枠に縛られたままでは――とりあえず私は今は、異性愛を前提に話を進めていますが――、カップリングが成立しない。女性たちに対しても、彼らとの恋愛は非常にいいものだよ、と伝えたかった。二冊目の本では男性の自意識の葛藤が直接の主題にならないのは、そのためです。女性たちの中には、本当は優しい男子、草食系男子が恋愛相手として好ましいと感じているんだけど、周囲の常識をみるとそうではないから不安になってしまう。そういう人が結構いるはずです。ですから、そういう不安をまずは取り除いてあげることですね。メディアでは普通、草食的な価値観はあまり認められていませんから、情報やデータをまずは届けることに重点を置きました。

草食系の優しさと暴力

杉田　ちょっと突っ込んだ質問をします。草食系という言葉やイメージは、一気に、バラエティ番組や日常会話のレベルまで浸透しました。ところで、おそらく、「優しさ」は森岡さんの男性学のキータームの一つです。たとえば『感じない男』でも「感じない男にとっての優しさとは何か」が最後に問われます。

ただ、森岡さんもブログで書いていましたが、肉食／草食はメタファーです。たとえば草食系男子はベジタリアンのことではない。しかし、そのことが暴力の問題を見えにくくしている面がありませんか。「肉食系男子は暴力的」「草食系男子は非暴力的」というイメージになってしまう。しかし草食系男子がただちに非暴力的なのでしょうか。これは疑問がある。そもそも草食動物の暴力もあるでしょうし。たとえば草食系男子たちへのインタビューで気になったのは――ポルノの是非は今は置きますが――、彼らがポルノやアダルトビデオを日常的に見るんだと、わりとあっさり、葛藤や批評意識もなく述べているところです。また草食系男子はDVはしない、というおそらく無根拠な断定もある。でも、それは本当なのでしょうか。

たとえばドキュメンタリー監督の森達也さんは、オウム真理教の若い信者たちについて、「彼らのほんとうに怖いところは、優しい人たちが優しいままで人を殺せたことだ」と言っています。

その優しさの問題がずっと気になっているんです。たとえば、村上春樹の主人公の「僕」などに象徴されるように、優しさと矛盾しない暴力性があると思う。肉食的でマッチョな男性の暴力を問い直すと同時に、優しさがそのまま暴力に転じる光景をも問い直さねばいけないのではないか。たとえばウーマンリブをインストールしたという意味での初期のメンズリブには、そういうラディカルな批判意識があったようにみえます。

森岡　なるほど。いくつものことを同時に言われたので、どれから言ったらいいかな……。まず本題に入る前に、とくに最初の本でポルノについてわりとサラッと書いたのは、あれは実用書なので、ポルノ批判をねちねちと書いて、読むのをやめられると困る、そういうことがあります。だから逆にその点が目立つのでしょうね。思想書であれば、そういう書き方にはなりません。

その上で、優しさがはらむ暴力というのは大きなテーマですね。森達也さんの話もそうだけど、ハンナ・アーレントの『イェルサレムのアイヒマン』(みすず書房)で、凡庸で平凡な男が淡々とタスクをこなすように虐殺の実行部隊を統括する仕事をしていた、という話があるでしょう。優しさのはらむ暴力も、じっくり見ていけば、それに似た構造になっているのかもしれない。森さんのオウム真理教を扱った映画『A』シリーズをみると、信者一人ひとりは殺生はよくない、と言っている。ゴキブリも殺さない。日頃は静かに修行しているだけです。一人ひとりはそうなんだけども、それが組織や集団としてダイナミックに動きはじめたときに、その帰結として、サリン事件が起こるわけです。個人としては優しい人たちが、システムや組織に属したときに、そのシステムがどういうふうに社会のなかで作動しているのか、そういうことに鈍感になることはあるのかもしれないな。

たとえば南北問題みたいな話ですね。日本で普通の生活を続けることが、ある別の貧しい国に住む、ある階層の人たちがめちゃくちゃ生きにくくなったり、環境が汚染されることへの加担になっていく。私たちは世界システムの中で生きているわけだから、普通にそういうことはあるわけです。優しい人たちもそうしたシステムの中に組み込まれている。国内の収入格差についてもそうです。マルクスがいったような資本家と労働者の対立は、その頃よりも見えにくくはなっているけれども、今も現存するわけでしょう。極端に言えば貴族の家に生まれた貴族の子どもたちは、親から大切に育てられて、本当に心優しい人間になるのかもしれない。でも彼らは結局贅沢な邸宅の中で暮らし続けるわけで、彼らがそういう生を送るということ全体が収奪の根拠になっていくわけですよね。つまり優しい振る舞いというのは自分たちが拠って立っているシステムの構造的な暴力に対しての鈍感さにもなりうるし、かつこのシステムの現実を変える力を持てない、ということはあるかもしれない。

そういうシステムの収奪側に立ってる人が、そのシステムを変えていくためには、ある程度暴力的にやらないといけない、という逆説もあるのかな。ダイナミックに動いている既存のシステムを壊すには、外側からはもちろん、内側からも叩いて壊さないといけないわけですよ。優しく調和した世界を壊すにはやっぱりある種の力が要る。その力がはたして優しさの中から出てくるのか。そういう問題はある気がします。

杉田　お話を聞いていて思い出したのですが、ジャーナリストの牛窪恵さんがちょっと面白い推察をしています（『草食系男子「お嬢マン」が日本を変える』講談社、二〇〇八年）。草食系の男性たちは確かに恋愛やセックスにガツガツはしていない。しかしそれは、たんに、オナニーしやすい技術的な環境が整ったからではないか、と言うんですね。要するに、インターネットの普及です。

ぼくにもニコニコ動画やYouTubeでポルノ映像を日常的に見る習慣があります。ある種の性依存というか、アディクション（嗜癖《しへき》）に近い感じがある。すごく心身が疲れていやなんだけどやめられない。そのことで獲得される肉食的な「ガツガツしなさ」があるとすれば、それはどこまで肯定されていいのか。たとえばナチズムやオウム真理教のような――ナチスとオウムではまた組織形態の特性の差があるでしょうけれど――集団性に埋没し自我を他者に委ねたがゆえの匿名的な暴力ももちろんありますが、ここにはそれとももまた違う何かがあるのではないか。たとえば森岡さんは、幼い少女の写真集や「モーニング娘。」「ミニモニ。」的なもののある部分は、ある種の「仮面をかぶった児童ポルノ」なのではないか、と述べています。ならばそれらはまた一種の虐待と見なさざるをえず、幼い子どもを出演させる親に対する一定の処罰はやむを得ない、と。

自室でのネットをふくむ極私的領域でのミクロな消費や快楽が、ある種のアディクションとなって、しかしそれらの行動が全体として合成され積み重なると、マクロレベルでは、どこか見えない場所で見知らぬ匿名の誰かが「忘却の穴」へと落ち込んでいく。遠い第三世界に限らず、すぐ隣りでそれは起こっているのかもしれない。これはわかりやすい第三世界論的な図式（収奪・搾取・排除）とは少し違うのだろう、そういう感触があります。消費や快楽（功利）のバブル／インフレがオートポイエーシス（自己創出）的に生じていくがゆえに生起する〈暴力〉があるのではないか。この暴力はまだ明確に名指されていない。あからさまな性犯罪や売買春組織への資金提供などの問題を取り除いても、〈暴力〉の痕跡が残る。明らかな犯罪者や悪や敵はいない。何より、本人たちもそれでいいと感じている。宮沢りえのヌード写真集『サンタフェ』は児童ポルノか。本人がいいと言っている、だからそれでいいじゃないか。性暴力のフリー化というか、コモンズ化です。監視社会や消費社会は万人がそれなりに望んだ合理的な結果の集計なのだから、簡単には否定できません。これはその通りです。

しかし、それでも確実に、誰かが沈黙や忘却の穴に陥っている。何より、本人すらも自覚できない形で。DV被害者のように、被害者自身による被害の自己消去（むしろねじれた加害意識を持つこと）は、暴力の極限的な形態です。暴力の重層的な自己消去の構造がある。そうした偶然的な社会的暴力——いわば自己忘却の穴——の偏在と不可視化に対して、もちろん、プラグマティックかつ法整備的に対応していくことがまずは不可避に必要なことです。たとえばぼくのケアの仕事の、ソーシャルワーク的な部分もそういう地道なものです。しかし同時に、そうしたグローバル市民的な〈システム〉への想像力も必要なのではないか。グローバルなよき全体主義の構造の中にいながら、どうやって自分の性愛や生殖をそうした暴力性に覚醒させていけるのか。普通の意味での優しさや草食系意識だけでは、そうした構造に対して覚醒しきれないのではないか、とも思うんですね。ちょっとうまく言えませんでしたけれども…。

森岡 それもかなり巨大な問題ですね。どう言えばいいのかな。一つは、男性学あるいはジェンダーの文脈で、優しさについてはテーマ化されてきました。とくに私の場合、ずっと大きなテーマでした。そこでは、自分の中には暴力性がある、という自覚から始めます。それを肯定できない自分がいる。しかし男をやめることもできない。無理に男をやめようとすると、もっとややこしくなります。だから、男としてこの世に生まれ、育ってきたという一定の蓄積があって、今ここにいる、という事実をまず肯定しつつ、でも男性的な暴力性をそのままで肯定することはしない――そうした男の生き方を何とかして考えぬきたいと思うわけです。

つまり、私の問題意識に即して言えば、まず、暴力性という事実が確かにあるものの、それを克服しようとするプロセスの中に「優しさ」が出てくるのです。「草食系男子は優しいが、その優しさの中にも暴力があるのではないか」という異論の大切さも分かるけど、私の場合は逆で、そもそも暴力が自分の中にさまざまな形であることがスタート地点にあり、それをなんとか克服したい、というところからはじめて優しさの可能性が出てくるのです。それははっきり言っておきたいですね。そのことと、優しさの海の中にどっぷりつかっていると優しさの暴力性に気づけなくなる、という課題設定は――もちろんつながってはいるけれども――分けて考えておいた方がいいでしょうね。

メンズリブの歴史性

森岡　男性学という営みの歴史は短いものですが、それなりに積み上げがあります。一九七〇年代にリブが出てきたとき、すでにほぼ同時に男性学やメンズリブが出てきてるわけですね。アメリカでも日本でもそうです。日本の場合は、リブをやっていた女性のパートナーの男性たちがそういうことを言い始めた。男としてどうすればいいんだ、と。

それから一九七〇年代後半から八〇年代にかけて、目に見えるメンズリブの活動が出てきます。育児連などの活動がありました。男性が育児や家事を積極的にやったりね。そこでは同時に男性性の解体や暴力性の解体についても問われてきました。さらにその後、「だめ連」のような人々が出てきて、「男がダメでもべつにいいじゃないか」という、そういう価値観を社会に向けて主張するアクションも出てきています。

はっきり言えば、私はフェミニズムの申し子です。明らかにフェミニズムによって意識を覚醒させられた世代です。フェミニズムの考え方や実践から学びながら、自分の主体をどうすればいいかを考え、男性学的な営みを開始したわけです。そのときにセクシュアリティの問題が大きく浮上してきて、たとえば私の場合は『感じない男』という本で、自分の男としてのセクシュアリティの中に潜むものを問い直し、そこで自分の中の暴力や優しさの問題にあらためて直面したわけです。

私はもう五〇代です。今の社会には、若い世代の感覚に基づいた、新しい男性運動的な意識がすでに色々な形で芽生えてきているのではないか。我々の世代では、男性学と女性学の正面からの対話はできなかった。たぶん、今後ももうできないでしょう。だから、現在の私のこの分野での使命というか役割は、次世代へのバトンタッチだと考えています。やれることはやったつもりだけど、大きな限界があった。課題の複雑さはお互いにわかっているんだけど、どうしても対話ができない。やっぱり、「なんだかんだ言って、根本問題は男性が女性を抑圧していることでしょう?」という枠組みにどうしてもお互いが縛られている。もちろんそこに真実はあるんだけれども、それだけではないはずなんですよね。しかし、「それだけではない」ということを我々はうまく言えない。

ですから、男性と女性が対等にジェンダーの問題を考えて、協力しながら何らかの解決を目指す試みについては、私たちよりずっと下の世代、今の二〇代三〇代の若い人たちに期待しています。それは我々には絶対にできないことだから。たとえば最近の二〇代三〇代の若い男性で、ジェンダーに関心を持っている人たちに話を聞くと、「本当は男より女のほうが得してるんじゃないか」という発想が結構自然にあると思います。そういう感覚は我々にはあまりない。我々は「なんだかんだ言っても男が得してきた」に違いない、と反射的に思ってしまう。そこには世代間断絶がある。だからこそ、期待している部分があるんです。

女性たちにも時代的な変化があると思う。たとえば昔、宮台真司が、援助交際する女子高生たちには、本当はそんなに高くないはずのものを高く売りつけている、という意識があり、買う方の男性を哀れんでいる、それは霊感商法で高い壺を買わせるようなものだ、と言っていた。こういうことを言うと炎上してしまうかもしれないけど。でも、そういう新しい感覚をもった女性たちがあらためてジェンダーの問題を引き受けなおして、そこから自らを語ろうとしたとき、すごく複雑なものが出てくるんじゃないか。そういう新しい感覚をもった男たちと女たちが向き合った時、はじめて新しい対話の兆しが生まれるんじゃないか。

私の「感じない男」や草食系男子についての議論も、橋渡しのための議論なんですね。それらの議論には不十分なところ、未完成なところがあるかもしれない。しかし、私がヒットを一本打つことで、後続バッターにつなぐことができると思う。これは啓蒙という上から目線の話ではなく、男性性を問うということの土俵を提供する、と言いますか……。

杉田　過去の歴史をあらためて繋ぎ直し、開き直すという点で言いますと、現時点で、一九七〇年代以降の男性運動／男性学／メンズリブをどう評価できるのか。これは意見の分かれるところだと思います。それらの水脈は結局弱々しい流れでしかなかったのだ、まったく不十分だ、という見解もあるだろうし、一九九〇年代までで、それなりに一般市民に浸透したので運動としてはその「歴史的役割を終えつつある」という言い方もできます（多賀太『男らしさの社会学』世界思想社、二〇〇六年)。いずれにせよ、男性運動は、別のステージに入っているのでしょう。

繰り返しますが、見渡してみると、「ポスト男性運動」的な状況ともいえる現在、男性性に関して、再び、バックラッシュ、非モテ、草食系男子、動物化、オタク、ライトオタク、子どもポルノ、擬似子どもポルノ、DV、加害者臨床、性犯罪者の更正または規制、などがトピックになります。それらの一部は、表立っては男性運動とは名乗らない(あるいは自覚のない)男性運動にも見える。

しかし、それらの個々の流れを、相互に結び合わせる太い水脈は、まだ発掘されていません。これらの論点を統一的に論じうる男性性の理論が不可欠なのではないか。

ただし、この場合大切なのは、現在のぼくたちは、よくもわるくも、森岡さんたちの世代のような強烈なインパクトを、フェミやリブの直接行動やラディカルな男性批判から受けとることが相対的に難しくなっている、ということです。それは女性たちの労働や生活が昔に比べれば楽になったから、ということを必ずしも意味しません。これは障害者運動の文脈でもはっきり言えます。ぼくらもまた、一九七〇年代の脳性まひ当事者団体「青い芝の会」のラディカリズムから強いインパクトは受けますが、でも、ほかにもさまざまなマイノリティ性が無限にあり、具体的に可視化されて来ているので、それらの無数の否定性を個人的に引き受けてしまうと、精神が持たない。普通の人間にはあまりにも負荷が重すぎる。結果として、社会システムとしては合理的に、一つひとつのマイノリティ性のインパクトが相対的に縮減されていかざるをえない。

歴史の成熟の結果、前提として、加害と被害の多層性、多重性から始めるほかにない、という認識があるわけです（ちなみにそれはもともとリブや障害者運動の中にもあった認識でした）。しかし、それが全面的に広がってしまった。たとえば複合差別論、複数的アイデンティティ論などはもうデフォルトなわけですね。そこには二重の意味がある。つまりそこではフェミニズムや障害者運動をふくめ、マイノリティ性や政治性が不断に無害化されていく、ということでもあるから。

たとえば社会学者ジョック・ヤングの『排除型社会』（青木秀男ほか訳、洛北出版、二〇〇七年）によると、二〇世紀終わりの三分の一以降の後期近代（排除型社会）は、既存のコミュニティや労働市場が解体した結果、社会が過剰に多様化し、いわば「多様性を消費する社会」となり、「差異や多様性はただちに無害化され、内部に取り込まれ、そして賞賛される」というんですね。それは「いっそう多元主義的な社会の誕生」であり、人々の他者に対する寛容度は非常にグレードアップされていて「みずからの安全や平穏が脅かされないかぎりで他人を受け入れる」のだけれども、その代わり、いったん危険な犯罪者・逸脱者と見なされた人々については、様々な場で容赦なく選別し排除する。そこでは「誰もが潜在的な逸脱者」となりうる、と。これは普遍的な「人間」を前提にし、社会から逸脱した人を矯正し、再び社会に包摂しようとした近代社会とは別の社会である、と言うんです。

これは一九九〇年代以降の社会運動が全般的に直面している困難（アポリア）でもあると思う。だから、人々の多文化主義的な棲み分けを前提に、最低限「残酷さ」だけは回避しよう、というリベラルアイロニーが言われる。これはわかるんです。でもそれだけでいいのか。

たとえば稲葉振一郎さんはそれを「よき全体主義」と言うんですね（『「公共性」論』NTT出版、二〇〇八年）。排除や搾取がないのであれば、ほどほどに再分配してほどほどに保障制度があれば、それ以上言うことは何もないでしょう、と。リフレ的なテクニカル。稲葉さんの場合はマクロ経済政策的な経済成長以上に人類にできることはあまりない（社会運動系は趣味やお遊びとして許容される）、というシニシズムをふくむ感じですが、「よき全体主義」論は功利主義や監視社会論の文脈でも言われます。単純にそれがいいことかどうか、ぼくにもわからないんですけれども。

こうした二重性の困難がある中で、つまり対立の政治や敵対性の次元がすでに無害化されデータベース化されてしまっている中で、いかに先行世代の蓄積や歴史を批判的に継承し、しかも現在的な問題に向き合っていくか。そういう話ではないでしょうか。

森岡　それはそうだと思いますよ。田中美津の『いのちの女たちへ』（初版は一九七二年、増補新装版、現代書館、二〇〇四年）を読むと、東大生批判が出てくる。当時の東大生たちはさかんに自己否定を、と言った。たとえば日本人はベトナムの民衆に対する加害者なんだ、とね。しかし彼らは本質的に持てる者であるからこそ自己否定が言えるんであって、私たち何も持っていない女性は自己否定すらもできない。そのことに気がついたときにわたしのリブは始まった、と彼女は書いている。私はそれを読んだとき、ここで「東大生」と名指され批判されているのはほかならぬ自分のことだ、と感じたんです。実際私は東大に入る前はジェンダーなんて言葉は知りませんでした。あたかも田中美津が「この私」に向かってナイフを突き刺してきたように感じた。そういうふうに受け止めざるを得なかったわけですね。

それは私たちの強みでもあるし、限界でもある。強みというのは、モチベーションや課題が明快ですから。限界というのは、いまおっしゃった、リブやフェミニズムのシンプルな主張そのもののインパクトが多様なマイノリティ性の中にかき消されてしまわざるを得ない社会が来ているわけですね。様々な方面からマイノリティの声を聞きながら、それぞれに対応することが必要になってしまう。しかしそれは難しいことでしょう。そこからどうすればいいのかを考え始めなければならない、という今の人たちの課題がある。その意味でもジェンダー論に関してはバトンタッチしていく役だなと。ただ、そのバトンがどうなっていくのかは、予想もつきません。

排除型社会、よき全体主義の話は、私の文脈では「無痛文明論」の流れで議論するべきテーマだと思います（『無痛文明論』トランスビュー、二〇〇三年）。痛みや苦しみを予防的に排除していくこの社会のなかで生が抑圧されていくという事態については、今後も、もっとちゃんと考えていかないといけないですよね。自己治癒していく無痛文明の姿はきわめて複雑で、単純な善し悪しで語れるような代物ではありません。そのことと、ジェンダー論がどう結びついているのかということは、まだうまく考えられていないですね。

杉田　たとえばここ数年、格差問題や貧困問題が顕在化した時、「あなたがつらいのは自己責任ではない、社会の責任なんだ」という言い方がデフォルトになったわけです。それは貧困問題がマクロな行政の再分配政策や景気問題である事実を告げると同時に、ある種のピア（peer 仲間）的な受容の言葉としても機能した。社会から何重にも排除され続け、最後には自分で自分を排除してしまっている人たちの、その思い込みや洗脳をまず解除していく。そのための具体的な居場所をつくる。これはプラグマティックにとても大事なことでした。事実、リブや障害者運動も、ピア空間からまずは始まっています。ぼくの職場のNPOの障害者家族支援もミクロなところでは同じです。ただ同時に、個人／ピア／政策提言などの多重性を生きようとしたリブや障害者運動という光源から照らしてみるとき、それだけでいいのか、という気持ちもやはり残る。この辺は『無能力批評』（大月書店、二〇〇八年）でも書きましたし、近年のベーシック・インカムやリフレを歓迎する論調にも感じる違和感です。

そのことを考えるとき、森岡さんの田中美津論は、ぼくが繰り返しそこに立ち戻ろうとしてきた主要な参照点でした。

田中美津的な――もちろん田中美津がウーマンリブ全体を代表するわけではなく、その一つの象徴にすぎませんが――問いに対し、それを全霊で受け止めて、「男たちは、田中が感じたのとは別種の絶望に陥っている。それは、田中の比喩を使えば、「光の中からは闇が見えない」という絶望だ。田中がいうように、たとえそれが虚構の光であったとしても、やはり光のなかからは闇は見えない」と書きます。その上でこうも書いている。「私は、「男の権力性を解体するためにきみたちと一緒に戦おう」なんて嘘は絶対に言わないし、「これからは安全な学者の仕事にいそしみます」と逃げることも絶対にしない。私が取りえる道はたったひとつ。この現在のとり乱しのただ中で、そういう自分とどこまでもしつこくつきあい、ゆっくりと時間をかけて、今後のみずからの生の過程で自分なりの決着をつけてゆくこと。それしかない。こういう決着を私がいまいのちをかけて書けるということこそ、男である私が田中美津のリブとどこかで一瞬出会うことができた証だと、私は考えたいのだ」。この根源的な敵対性を埋めることは欺瞞であり、女性は女性の場所で闘うしかないし、男性は男性の場所で闘うしかない。しかしそこに間接的な響き合いはあるのかもしれない。たとえばシャンタル・ムフらが討議民主主義を批判する文脈で闘技民主主義と呼ぶような、解消不能な敵対性をせめて対話可能な闘技性（アリーナ）へと飼い慣らすことで民主主義の原理に位置づけよう、という戦略ともこれは違うものでしょう。

この言葉の誠実さは稀有だと思います。さらに重要なのは、一九九五年に一度こう書いたあと、森岡さんが自らの結論自体に「追い詰められ」、田中美津論の続きを書くことが出来なくなり、六年間の沈黙と頓挫を強いられた、という事実です。一九九五年の論には根本的な「偽善」があったからだ、と森岡さんは自らの田中論の盲点を精神分析するわけですね。一九九五年の田中論では「この社会の中で「男」として生きることそれ自体」の「痛みを私は強く感じることはない」と断定し、そのアパシーと無痛性の中空構造の中に、女性とは異なる男性のセクシュアリティの特性を見たのだけれど、二〇〇一年の段階では違う。「男」に固有の性の痛みと苦悩は「ある」。むしろそれを無痛化してスルーしうると思い込めたこと、そこにこそ、無自覚な男の暴力の真の源泉があったのではないか、と。

そもそも田中美津はすでに、とり乱すべき人をとり乱させないことの中にこそ、最大の暴力を見ていたわけです。森岡さんもそれを読んでいた。にもかかわらず、一九九五年の森岡さんには明らかなその事実の地肌が「見えなかった」。「それに心底から気づかされたとき、最後まで手放したくなくてこの手に握りしめていた私の心の既得権益が崩壊した。それが私の転回点だった」。そして、この沈黙と途絶の方にこそ、自分と田中との真の「出会い」、秘密の(すれ違いとしての)邂逅《かいこう》があったのだ。そう言います。

ではぼくらは、そういう水準で田中美津を、あるいは森岡さんを「読む」ことがそもそもできていたのか。そう自問せざるをえません。

このクリティカルポイントから現在をふりかえると、非対称性や敵対性がどうしようもなく飼い慣らされ無化され続けていく、という構造があるのだとしても、やっぱり同じ種類の問いが残るのではないか。たしかに問いとしてそのままストレートには継承することはできません。でもあの感触をなかったことにしてしまうと、ぼくらの感覚もどこか致命的なものを失っていく。

森岡　フェミニズムやリブと「出会う」ということは、言葉の上でそれを理解することだけではない。そこに留まることではない。そういう発見というか気づきが大事なわけです。ではリブの声を聞いた私が、そこからどうするのか。そういう問いに踏み込むことが、本当の意味でリブを受け止めることでした。すると、自分の内なる声に、男性としての自分の声に耳をすませなければならない。しかし、そこで私の筆が止まったんです。自分の声がすぐには聞けなかったからです。

リブが言っていたのは、男が女を支配するなかで、女の側がつねに自分が悪いんだと思わされていく面も当然あって、そこから解放しなきゃいけない。まずはそのことを言う。でも、実は、支配している男性の側も構造によって声を奪われている面がある。そういう気づきをもたらしたわけです。男としての自分が恋愛や性愛、セクシャリティの面でズタズタに傷ついているにもかかわらず、何も痛みはない、自分は無傷の加害者である、というふうに自分を欺き続けていた。そういう形で社会構造の中に自分を適応させてきた。そのことに気づくのに、とても長い時間がかかったんです。

杉田　田中美津さんに直接お会いしたことはありますか？

森岡　書いた後で個人的にお会いしたことはあります。けれども私の場合、やっぱりテキストを通じての出会いが決定的でした。田中美津の声を私がそういうふうに受け止めたことは、非常に特殊で個別的なことかもしれません。けれども同時に、そこで私が男性として経験したプロセスは、普遍的な、あちらこちらで生じている現象でもある。これは方程式のように示せるものではない。しかし、他の人の参照点にまったくならないわけでもない。そういう感じでしょうか。

今の二〇代三〇代の人たちで、男性性や女性性の問題に関心のある人、その人たちが一堂に会して――まあ直接一堂に会さなくてもいいかもしれませんが――、ちゃんと、ぶつかりながらも声を交わしていくような場面というのを作っていったら、さまざまな化学変化が生じていくのではないでしょうか。

杉田　森岡さんは最近、「生命学」「生命の哲学」「生命人文学」などの学際的な研究拠点・ネットワークの構築を目指されていますね。たとえば日本の生命倫理学においてはもともと、大学医学部を後ろ盾とする臨床倫理学が大きな勢力としてありますが、これに対し、東京大学を拠点とする死生学プロジェクトや立命館大学を拠点とする生存学プロジェクトなどをふくめ、今後はそれに匹敵する人文系の共同研究領域やネットワークを再編成していくべきではないか、と。

これは、男性運動の方はいかがでしょうか。たとえば、従来の男性学や男性運動がこれから新しく更新されていく、そういう空気というか、予兆は感じますか。

森岡　それは私にはわかりません。ただ、たとえば最近は「私はフェミニストです」とは直接口にしない女性たちが多くなっていませんか。行動やスタンスは明らかにフェミニスト的なのに、「あなたはフェミニスト?」と尋ねると、「いえ、違います」と答える。そういう女性たちです。すると、彼女たちは「フェミニスト」という自己規定からは距離を取っているわけです。するとフェミニスト的な女性どうしという共通項がないから、彼女たちは一同に介することができない。そういう問題もあるのではないでしょうか。

杉田　そういえば、現在の労働運動でも、自分はマルクス主義者ですと公言する人はおそらく少ない。ぼくもマルクスを参照しますがべつに「マルクス主義者」ではありません。しかし言っていることはそれに近い。そういうねじれは確かにあるのかもしれません。

森岡　戦闘的なオールドフェミニストから見ればそれは「逃げ」に見えるでしょう。でも、最近の若い女性たちの中には、自分なりのフェミニズム的な問題意識をしっかりと持ちながら、教条的なフェミニストのあり方に違和感を覚えて、あえて、自覚的に距離を取っている人たちも結構いるのではないか。そうしたズレの問題は大きい。とすれば、教条的男性学からは自覚的に距離を取っている男性たちも、おそらくどこかにいるのでしょうね。

繰り返しますが、私たちの年代にくらべれば、ジェンダーについての若い人々同士の対話は、たぶんやりやすくなっていると思う。そこで、これから爆発や核爆発が起きて、さまざまなこと、非常に強烈なことが起こってくるのではないか。こうして対談をすることも大切だけど、新しい人たちが色々試行錯誤したり、ぶつかったりしていく場というかテーブルを具体的に作っていくことが大切ではないでしょうか。

アカデミズムでもネットでも、議論ばかりしていくと、議論それ自体に飲み込まれていくリスクがあります。またメタ的な議論の応酬になりやすい。お前はこう言うけど、お前こそこうだろ、いやお前こそが……みたいな。そうした議論のための議論は、ある種の快楽ゲームになりがちなんですね。最近の女性学の論文なんかでもそういう傾向はあります。アカデミシャンが解釈ゲームをして、ドーパミンが出まくって相手を批判して。そういうのは倒錯的に見えますね。

生命学の根本問題

杉田　ところで、森岡さんは「自分を棚上げにしないことが生命学の根本命題だ」と書いています(「生命学とは何か」『現代文明学研究』八号、二〇〇七年)。この言葉がずっと気になっていました。正直ぼくは、長い間、その意味がよくわからなかったんですね。

たとえば社会学者の加藤秀一さんは、生命という言葉は人の多様性や個別性を平坦にしてしまう、むしろ人間の個体性を尊重する倫理の側につくべきだ、と述べる(『〈個〉からはじめる生命論』NHKブックス、二〇〇七年)。逆に哲学者の小泉義之さんは、倫理という言葉は悪しき人間主義にすぎなくて、生命の非人間的で多様な、爆発的なポテンシャルを引き出すべきだ、と述べる(『生殖の哲学』河出書房、二〇〇三年)。森岡さんはそのいずれでもない。森岡さんが「生命」という言葉に何を込めているのかは、けっこうわかりにくい。というのは、自分を棚上げしないというのは、倫理的あるいは宗教的な命題に見えるけど、それは倫理でも宗教でもない、とおっしゃるからです。生命の中にそういう力がそもそもあるのだ、と。でも、ある時腑に落ちた気がしたんです。自分を棚上げにすることは、生命を内側から滅ぼしていくことの定式なのではないか、と。

しかし、振り返ってみれば、何かを口にしながら自分を棚上げすること、言っていることとやっていることとの不一致や食い違いは恥ずかしい（倫理的欺瞞というより、端的に）——だからその意識／存在の食い違いを対象化し続けるしかない、たとえ森岡さんが言うように朱子学的な知行一致という過剰な倫理の実現は不可能であるとしても——という感覚は、イエスやブッダの感覚でもあったはずです。たとえばイエスは「石を投げる資格のある者から投げよ」「あなたは、兄弟の目にあるおが屑は見えるのに、なぜ自分の目の中の丸太に気づかないのか」などと述べた。またブッダは（手塚治虫『ブッダ』が強調して描くところによれば）、自己犠牲と言うけれども本当の自己犠牲とは自らの肉体を飢えた他者に食わせることではないか、そしてそれは子どもや兎などの小動物にもある感覚ではないか、という躓きに拘泥した。つまり人間は何千年もそうした卑近な分裂を強いられてきたし、今も強いられ続けている。さらにその向き合う感覚の対象も、歴史の中で漸近的に拡張されてきた（奴隷、女性、外国人、障害者、未来の他者、等）。ネットや情報技術の水準が、生命と生殖をめぐるテクノロジーがどんなに発達したとしても、イエスやブッダが数千年前に問うたであろう問いは依然、ぼくたちを拘束し続けている。でも、そういう感覚はどこから来るのか。

森岡　私もそれをなかなかうまく言えていないんですよ。繰り返しずっと、いろんな方向から言おうとしてきたけれども。

難しいんだけれども、まずは、いくつかの方面から言ってみましょうか。私が生命的な存在である、ということは、私はこの世界にいつまでも存在し続けているわけではない、ということです。永遠の存在、永遠にあり続けることをふくんだ存在ではない。むしろいつまでもあり続けない、ということが最も根本的なことです。簡単にいえば、生命はいつかは死ぬわけです。私はいつか私ではなくなる、ということが義務づけられている。しかし同時に、そういう私そのものが、私ではないものによって生み出されているわけです。そもそも私は自分の力でこの世に生まれ出てきたわけじゃないから。よく考えると、これも不思議なことなんですよ。だから生命について問うことは、「この私」を問うことに必然的になっていく。この私を決して棚上げにはできないんです。命を問うならば私を棚上げにはできない。自分を棚上げにしないということと生命的なことを問うというのは、実は同じことになる。私はそう思っています。

もう一つ別の考え方としては、生命的なものとは、絶えず自分を新たにしていくものであると。すると、絶えず自分を新たにするときに、やっぱり生命で自分を問い直されている。そういう感じはあるわけですよ。自分を棚上げにすると、この自分を絶えず新たにしていくという面が抑圧されることになるはずだ。ということは、自分を棚上げすることによって、生命的な存在であるはずのものが、生命的な側面を抑圧していくことになる。その極点が『無痛文明論』で述べたような話ですね。

杉田　やっぱりちょっとわかりにくいかもしれません。でもそれは、聖書や仏典のわかりにくさに通じたわかりにくさだと思うんです。

森岡　ある意味で、近代的認識論を問い直すような話です。存在論とか認識論ですね。近代的な認識論は「私が世界を認識する」と考える。その場合、「私」とは何なのか。いつか私はなくなる、と考えた時に、やっぱり今みたいな話になっていかざるを得ない。そこをクリアに提示したのは哲学でいえば実存主義だと思います。

動物における生命論

杉田　何年か前に森岡さんにこんな質問をしたことがあります。生命は人間に限られません。すると、生命の中には自分を棚上げしないという公式が秘められているなら、動物の場合もそうなのでしょうか、と。そのとき森岡さんは、たとえば犬にもそれはあるのかもしれない、と答えた。それはあるのだけれど、人間の想像力や感覚によっては、犬における棚上げしない生き方というものがわからないだけで、もしかしたらそんなのもあるかもしれない、と。これは先ほどのブッダ的な問いとも関わります。

　ぼくはそのことがずっと気になっていました。生命を人間主義的に考えないなら、どうなるのか。それは認識論や存在論の問い直しにつながるのかもしれません。現代の哲学者でいえばジャック・デリダやジョルジョ・アガンベンもそうですよね。さらに最近の進化生物学（進化社会学）などを読むと、性愛や生殖について考える時に、そうした超人間的な感覚を導入することが不可避に思えてきたりもする。

森岡　よく人間と動物は違う、と断定的に言う人がいるでしょう。人間は自己反省する能力があるが動物にはない、とか。そういう言い方は違う、と思う。動物のことをなんで我々人間がわかるんだ、と言いたい。人間には動物の外面的なことは分かるけど、内的なことまでわかるはずがない。

ただ、その上で、動物に対しても自分を棚上げしないあり方があるのか。可能性としてはあり得る、と私は思うんです。そういうことを想像してみるのはいいことだ、と思う。もちろん、具体的に考えようとすると難しい壁がありますが。

しかしこれは、生命についてちゃんと考えようと思えば、必ずぶつかる問題です。たとえばドイツの哲学者ハンス・ヨーナスの『生命の哲学』（細見和之ほか訳、法政大学出版局）が最近翻訳されました。そういうことをヨーナスも真面目に考えています。たとえば、自由や主観的内面性の最初の痕跡は、自己維持し自己複製する細胞の誕生の時点まで遡ることができるかもしれない、とヨーナスは推測している。ずいぶんすごいことを言っているんです。

杉田　ヨーナスの生命論は確かに無気味ですね。

森岡　一歩間違えばトンデモの世界です。しかしこれは哲学者にしか言えないようなことです。

私も読むと異様な感銘を受けるんです。彼はそれを実証不可能な仮説として示している。実証は不可能だけれども、我々人間にはそういう認識や想像力の射程がありうる。そこからみるとき、万物や森羅万象の見え方もずいぶん違ってくるはずなんですね。

生命の哲学は今後、さらに大事なものになっていくでしょう。生命について考えていけば、当然、人間の生命だけではすまなくなる。人間と人間以外の動物や生命体が似通った身体構造を持っているのは、明らかなんですよね。生命は人間だけの専有物ではない。人間もその一部でしかないような生命とは何か、ということが、ちゃんと問われるべきでしょう。そうしたことと、この私がいかに自分を棚上げせずに生きていくか、という実存的な話は、実はつながっているのではないか。私は本当はその辺をもっと明確に示さないといけないのだけれども。

杉田　いろいろ批判はされるけど、倫理学者ピーター・シンガーの『動物の解放』（一九七五年）は凄い本だと思う。

たとえば彼は、動物の権利（アニマルライツ）について考え抜かない限り、黒人の公民権運動やフェミニズム、あるいは（彼は触れていませんが）障害者運動などが本当の意味で完成されることはない、と述べる。このとき彼がもたらしたのは、動物も人間も障害者もまずは同じもの、等質なものとして見る、そういう視線です。すべての生命体を等質なものとして見る視線ですね。彼はそこに引き返せないラインを引いた（ただ、田中美津がリブを代表するわけではないように、シンガーも動物権利論者の一つの象徴でしかありませんが）。それらはグラデーションの中にある、という認識を彼は刻み込んだ。これはマルサス（一七六六―一八三四。イギリスの経済学者）的な功利主義の感覚でもあるけど、それだけでもない。

というのは、シンガーの中には明らかに、功利主義的な同情・共苦による動物愛護論と、いわばカント的な権利論としての動物解放論という二重性があるからです。この二重性からある種の崇高さがもたらされる。ポイントは、功利主義的な平等性（快苦による同等性）を通過した上での権利論＝リブが孕《はら》む過剰さなのではないか。そこに非人間的な何かが懐胎されていく。ベンサム（一七四八―一八三二。イギリスの思想家）的なカントといいますか。動物や植物は権利があるにもかかわらず沈黙する存在（人間の言葉を話せない）であるがゆえに、他者である人間がその権利を守ろうとする運動は、厳密にやればやるほどラディカリズムたらざるをえないからです。浜野喬士さんが『エコ・テロリズム』（洋泉社新書、二〇〇九年）で紹介しているテロリズム的な不穏さへと傾いてしまう。

ウーマンリブにおいては、男性と女性の間に解消できない対立や敵対性を見出しつつ、お互いに否定性を打ち込んでいくことで相手を変えていく、そしてそのことで高次の繋がりを見出していく、という面がある。そうした敵対的連合の定式を、動物と人間の間にも見出そうとするわけですね。「よき全体主義」と言いましたけれども、歴史の成熟の中で、それに対する「よき敵対性の複数性」があるのかもしれない。沈黙する存在に向き合い続けること。そうした社会の中で、もう一度、自分を棚上げしないとは何か、ということを問い直す必要を感じます。ミクロで一回的な他者性が複数的にオートポイエーシス的に増殖していくような、そうした社会の可能性があるのかもしれません。

いいかえれば、一九七〇年代的なマイノリティ運動／ラディカリズムとはまた別のものが、それを反復＝変奏しつつ絶対的更新を図ることがどこかで必要なのではないか。

森岡　一つの問題を今そうして問うている「あなた」はそもそも何者なんだ、という批判が、フェミニズムが突きつけた根本的な問題の一つです。これは一般論では問えない。「この私」がその問いを具体的に問うしかない。この次元を外してはだめなんです。

この場合もいろいろな次元で「私は誰か」という問いがあるわけですね。フェミニズムから問われれば私は男性の立場から答えるしかない。動物から問いかけられたら、それは問いかけられた人間という立場から出発するしかない。そのことが自分を棚上げにしないという意味です。一般的な問いにしてしまうとまずい。

杉田　たとえばデリダが、動物の声は友の声であり得るか、という問いを立てています。言葉や声でこちら側に問うてこない他者、ある種の沈黙の中にある他者に対して、どう向き合いうるのか。ここは考えどころだと思います。それはぼくの実際の介護経験でいえば、脳死者や重度障害を持った人との関係について、日々考えるところでもあります。

ただ、再び念を押しておくと、これは一部のマイノリティだけの問題だとも思わないんですね。ペット家族、動物家族はすでに珍しくないわけだし、何より人工知能やゲームのキャラの「生命」も今では問われうるかもしれない。音声合成ソフトの初音ミクのようなキャラや、ラブドール（高度化したダッチワイフ）との恋愛や結婚についての哲学論議もすでにあります。生命の工学化ですね。それらの存在も他者たりうるのだ、という感覚がすでにある。ロボットリブ、キャラリブと言いますか。親の命よりもペットを、人形やキャラを優先する、という感覚は全然珍しくない。

たとえばウーマンリブの女性や身体障害者であれば、家父長制資本主義や健常者文明を根本的に批判する言葉をこちらに打ち込んでくる。それでぼくらも自分を問い直されていく、という回路があります。しかし、そうした能動性を持たない他者との関係はどうか。もちろんたとえば脳死の人たちも呼吸があり体温の上下変動があるから、こちら側に何もメッセージを送って来ないわけではない。しかしその上で、現実的にはやっぱり、問うてこない相手から何かを問われる、ということがあると思います。森岡さんはライフエクステンション（生延長）、エンハンスメント（能力増強）、ニューロエシックス（脳神経倫理学）などの紹介をしていますが、科学技術や生殖技術の進歩がそうした存在を（SFから解放し）世俗化しつつある。

生命の宗教性

森岡　それはもう、宗教的次元に近い話ではないですか。ただし、逆に言えば、「問うてこない」

という前提を取ることこそが、大いなる目隠しなのかもしれない。そのような存在も、実は問うているんじゃないか、という気づきの経験が実際はある。

たとえば登山中に誰も人がいないような場所で、何か巨大なものの気配を感じることがあるでしょう。だって、一〇〇年したら私は存在しないけど、この山はその時も今と同じままであり続けるわけです。そう思ったら、明らかに、何ものかから人間としての私が問われている、としか思えない。「色々と偉そうなこと言ってるけど、そもそもお前は何者なんだ」とね。人間は万物の霊長で、犬は何を考えているかわからない、そういうことを今言っているお前はそもそも何者なんだ、自分の卑小さにすらまだ気付けていないのか。そういうことを感じちゃう。そういう気づきは、ある種の宗教的な体験の入り口でもあるでしょう。そうした次元をそんなに簡単に捨てちゃいけない。

だから、「問われてないんじゃないか」という考え方の奢《おご》りを暴き出すところまで、我々は考えを尽くせるんじゃないかな。

杉田　それはわかります。でも、そこを根本的に逆転させないと、いつまでたっても狭義の生命倫理的な線引き問題というアングルから逃れられないのではないでしょうか。つまり、根源的な受動性において何かが到来する、そういうことがある。ユークリッド幾何学と非ユークリッド幾何学じゃないですけれども、公理それ自体を変えてみることもできるのではないか。これはたとえば小泉義之さんの「生殖の哲学」や加藤秀一さんの「誕生の哲学」、そして森岡さんの「産出の哲学」ともつながる話なのかもしれません。

森岡　私も最近は誕生についての哲学を考えています。誕生や生成の問題が大きいのは、それが宗教的な次元と密接に結びついているからです。ずいぶん前に『宗教なき時代を生きるために』（法蔵館、一九九六年）でも書きましたが、私にはいわゆる信仰はありません。ここでいう宗教的なものとは、今の動物や障害者や生命倫理についての問題を従来のフォーマットで考えていったときに行き当たる行き詰まり感みたいなものがあり、そこからの脱出口というか、そこに別の角度から光を当てる何ものかに関わっていると思う。あるいは現在の科学技術の最先端で問われている生命や死の問題、さらにはグローバリゼーションの中で生じる格差や貧困のもとでの人間の幸福や抑圧の問題、そういうことを今のままの考え方で考えていくだけではやがて閉塞してしまう。そこに新しい光を当てる、ということですね。

しかし、そもそも宗教的な次元とは何だろう、とも思うわけです。ここをうまく言えるといいんだけど。たぶん、「根拠」の問題なんだよね。私があることの根拠は、私の中からは絶対に来ない、ということです。これを何と言えばいいですか？　現在の秩序の根本となっているところとは違うところから光が当たると、我々はそこに何らかの宗教的なものの気配を感じる、というか。

杉田　宗教的なものについて、観念的な言葉ではなく考えぬくためのやり方があるのではないか。この辺はとても難しいし、微妙ですが。

たとえばぼくとパートナーの間に、二〇〇九年八月に子どもが生まれてきました。予定日より二ヵ月ほど早く生まれ、NICU（新生児集中治療室）に二ヵ月半入院していました。一〇〇〇グラムほどの超未熟児でした。そのときの自分の中に生じた感覚をずっと吟味していたんです。一九七〇年代以降の女性運動のスローガンとして、産む産まないは女が決める、と言われました。その後国連などでアジェンダ化し、「産む産まないを女性が決められる社会を」という認識もデフォルトになりました。それに対して、産む産まないは女が決めるにしても、男性の再生産に関する責任はどうするのか、という議論がある。男性の再生産責任の話ですね。もちろん実際に妊娠するのは女性の身体です。そのリスクやコストの非対称性は絶対にある。

しかし、ぼくの感触としては、その非対称性は絶対的に認めたうえで、男性の中にもある種の肉体レベルの共振というかシンクロが生じた。たとえば男性の悪阻《つわり》は普通にある。たぶんストレスだけではない。子どもの受胎に触れる感じとは、男のみならず女性も「子の所有」という私有感覚——上野千鶴子さんが『家父長制と資本制』でいう資本制的な私的所有のリミット——を破られていくことではないか。そんな気もした。それに、コストやリスクの男女間や社会での分配の話ばかりになると、そこにある肯定形の経験の意味を語りえなくなる。根本的な何かが微妙に違ってしまっている、と思う。

さらにいえば——これがたんに宗教的な話だとは思わないんだけれども——子どもの側から〈産ませられている〉という強制の感覚があったんですね。向こうから到来してくるものがあり、それに対してこちらが身を開いていく、そうしたエレメンタルな経験があった。それはリブの手前で森崎和江が、障害者運動の手前で最首悟が考えていたことかもしれません。

ハンス・ヨーナスは子どもの呼び声の中に、未来倫理の萌芽を見ています。子どもの息の中にすらある呼び声、それは「生かせ」という無条件の命令である、と。先ほどの、自由や主観的内面性の最初の痕跡は、自己維持し自己複製する細胞の誕生の時点まで遡ることができるかもしれない、という話とも関わるものでしょう。それはもう宗教すれすれというか、危ういゾーンに踏み込んでいる。でもそれは非常にマテリアルな感覚としても言えるのではないか。そうした光源から問い返さないかぎり、高度化し複雑化する現代文明について考えきれない。念のために確認すれば、ヨーナスは現代文明の達成を必ずしも全否定したのではなく、現代の科学技術がこれだけ爆発的に超高度に発展したがゆえに、そういう未知の倫理性の萌芽を生命は獲得しえたのだ、という側面をも同時に見つめていると思う。環境倫理や超少子高齢化などの制度的問題の根本にそれがある。それは生物進化の話にも関わっている。

森岡　宗教的な次元からの光の話は、もうあと五〇年すると、議論はさらにそっちへ行くと思います。ただしフェミニストは、ここで宗教という単語を持ち出すことに嫌悪感や警戒心を抱くかもしれませんね。宗教は女性を閉じ込めてきたものの代表格ですから。また男が宗教を言い始めたよ、と批判されても仕方のない歴史があります。

その上でやはり、倫理的な問題の行き詰まりを何とかするには、宗教的な次元にふれざるをえなくなるのでしょう。それはかつての宗教に戻るという話ではない。逆に、いま宗教的なものを一番まともに考えているのは、通常の宗教サークルの外にいる人々かもしれません。宗教的なものへの問いはべつに宗教者の占有物ではないですから。逆にラジカルに宗教サークルの外から問いかけていくべき問題もある。

でも、そもそもなぜ、この辺りに宗教的な次元が出てくるのか。その理由をまだ私はうまく言えないんです。

杉田　たとえば大著『無痛文明論』はICU（集中治療室）に入っている高齢女性の話から始まります。さまざまな医学的な処置がなされ、ある種の絶対的な快適さの中で生かされている。これがある種の無痛文明の象徴ではないか、と。「罠」という言い方もされます。

でも自分がNICUの保育器の中で人工酸素などの処置を受けている赤ちゃんのそばで見守っていた時、ヨーナスの話とも関係しますが、そういう絶対的に弱きもの、無力なものが、ある種の科学文明と先進国の頂点のようなところで生きているという状況そのもの、そこから呼びかけられているということがあったと感じたんです。もちろん高齢者と新生児の話は単純にいっしょくたにはできませんが。でも、無痛文明の罠とは言いきれないものがあると思った。倫理学者の品川哲彦さんは、ヨーナスの未来倫理とケアの倫理を接続しています。未来世代は現在存在せず、現代世代が一方的にコントロール可能な対象だから、ある意味で赤ちゃんよりもさらに弱い存在であると。ケアは本質的に非対称性においてあります。その非対称的な関係から命令みたいなものが到来する。生かせ、ケアせよ、と。到来ですね。そして現在日本の六五歳以上の高齢者は二五〇〇万人、障害者は（少なく見積もって）七二三万人、就学前の乳幼児は六〇〇万人超です。そう考えれば、ケアに無関係な（と思い込める）人間こそがイレギュラーなのではないか。むしろそれは人間関係の原型の一つです。つまり倫理や哲学のみならず、社会保障や経済的交換の話に具体的に通じている。

確かに「言葉をもたないものからの問いかけ」という言い方自体の奢りがあるので、ここは微妙です。しかし、その逆流のポイントから変えられていく経験みたいなもの、自ら能動的に闘える身体障害者中心の障害者運動とはまた別の文脈で、たとえば生物学者の最首悟さんが重症心身障害のある娘さんのケアをしながら問うていたようなもの、そういう何かがあるのではないか。

森岡　ただ、弱きものからの問いかけ、という言い方の傲慢さを、私はけっこう感じます。

杉田　なるほど。それはそうかもしれません。弱者愛と弱者暴力は表裏一体ですから。「弱いものへの愛ゆえに殺す」というロジックのねじれた暴力——愛ゆえの自己犠牲として最愛の他者に死を贈与する、とデリダが述べたもの——の秘密を、障害者運動は徹底的に批判してきた。そして親密なはずの家族の間にも敵対性を導入した。そこから新しい家族のかたちを、その社会化を夢見た。それはその通りだと思う。でも、そこだけでもすまないものがある。そこでストップしてしまうのもまた別の意味でこちら側の傲慢ではないのか。

森岡　弱きものからの問いかけ、という言い方の傲慢さというのは、その対象を一方的に「弱きもの」と決めつけている姿勢にあると思うのですよ。たとえばNICUにいる赤ちゃんが「弱きもの」であるとなぜ言えるのか、よく考えてみると分からなくなる。医療者や家族などいろんな大人たちを巻き込んでいる存在者だとしたら、それはある種の権力をもっているので、けっこう強いのではないか。ヨーナスが赤子の叫びと言うときにも、そういう強さのメタファーだったかもしれない。

男であることの暴力

杉田　もう一点。『フリーターズフリー』2号の座談会で、杉田は「森岡正博さんは、「膣内射精そのものが男性の性暴力でありうる」と言う。そして、最後の結論では、男性の性暴力を回避するために、女性の精子バンク＋人工授精の利用はやむをえないだろう、とまで言う」と発言しました。これについて森岡さんは、「感じない男ブログ」（二〇〇八年一二月四日）で、「杉田の要約はこの箇所に限っていえば不適切である。森岡は「利用はやむをえないだろう」とは言っていない」と「違和感」を述べられています。その上でご自身の文章の、該当部分を引用されます。

「ところで、人間がこのような原罪を背負わずに生まれてくることのできる方法がある。それは、女性が、みずからの意志によって精子をバンク等で入手し、みずからに人工授精するやり方である。この場合、みずからの意志でもって医師に膣内への精子の挿入を依頼するわけであるから、受胎に関する自己責任が貫徹されており、そこに性暴力が入り込む余地はない。医師の関与が性暴力を彷彿とさせるというのであれば、自己注入が可能な器具の開発を待てばよい。その結果、膣内射精に関する性暴力の可能性は回避されるし、生まれてきた子どもには、もはや性暴力の影はつきまとっていないと言える。精子バンク等を利用する女性に対しては、とかく否定的な眼差しが注がれがちだが、膣内射精に関する性暴力の回避という視点からすれば、これほど清潔な手法はないと思われる」(「膣内射精性暴力論の射程」『倫理学研究』三八号、二〇〇八年)。

この引用に続いて、こう述べられています。「森岡は、「性暴力の回避という視点からすれば、これほど清潔な手法はない」と言うにとどめており、けっして「利用はやむをえないだろう」とは言っていない。逆に、「しかしながらその〈清潔な〉手法には、さらに大きな問題が潜んでいると言えるのだ(無痛文明的な)」というような文章すら接続可能である。杉田の要約が勇み足であるので、それを受けた大澤、生田の反応も的外れ感がある。/とはいえ、私としては、この文章中の「清潔」という一語にある種の反語を感じ取ってもらえなかった(らしい)という点に、自分の文章力の至らなさを見る(たとえば清潔―衛生―民族衛生学という連想とかの可能性など)。この文章を書籍に収めるときには、この部分は意を尽くして書き改めようと思う」。

まず、ぼくの「勇み足」を認めます。ぼくの言い方は森岡さんの文章の揺らぎを矮小化してしまっていた。しかし、その上で、この「性暴力の回避という視点からすれば、これほど清潔な手法はない」は、単なる「反語」なのかどうか。というのは、たとえば森岡さんは、ヨーナスの未来義務の原理とフェミニズムの「産む産まないは女が決める」という原理を激突させ、「すべての女性が産まない決断をする」という「極端な仮定」を思考実験的に立て、結論として、一斉に子どもを産まないことは認められない（当面の社会システムを劇的に崩壊させ、多数の人間を生命の危機に陥れるから）が、無理なく緩慢に少子化を進めるという形での、人類の「緩やかな自己消去」は認めざるをえない、と述べています（「将来世代を産出する義務はあるか？」）。また膣内射精論でも、赤ちゃんを産むことの中にある原罪性について論じている。

前から気になっていたのですが、たとえば『無痛文明論』の中では、表面的な身体の快楽と、その底にある本源的な生命の喜びが区別されます。しかし生命の活動の中にすら、森岡さんは、死に近づいていく感触、フロイトのいうタナトス（死の欲動）みたいなものをどこかで前提にされているのではないか。

森岡　前提というか、そういうものの存在がある、と思っています。そこはもっと見ていかないといけない。

男性性の問題は暴力の問題と結びついている。そこもフロイト的にいうと明らかですが、暴力は破壊に結びつき、破壊はさらに死の衝動に結びつくわけです。それは我々の存在が暴力的なものを内在させているということです。おそらく我々は放っておくと死に向かってしまう、そういう存在です。晩年のフロイトが言ったように、ゆっくり緩慢に死に向かうか、戦争などで一気に死に向かうか。これは人間に対するペシミズム的な認識なんだけれども、フロイトが考察したようなタナトスの問題はやっぱりある。それは認めざるを得ない。それはそれで認めたうえで、希望はあるのではないか。私の思考はそういう構成になっています。『無痛文明論』もそうなんです。身体の欲望は圧倒的に強い。我々はそれに対して負けるしかない。それぐらい強いものです。しかし、欲望に対する闘いを続けることの中から希望が出てくるのではないか。そういう方向を向いています。

私は先ほどの膣内射精論で、性交によって人間がこの世界に生まれるということ自体のなかに、性暴力というものの陰が孕まれているのではないか、と論じました。あの論文はそのことを確認するところで終わっています。

それ以降の私が考えているのは、そういう暴力性が少なくとも可能的には孕まれている生を我々は生きているわけですが、これをどういうふうにすれば肯定的に捉え直せるのか、ということです。産出そのものが暴力を孕んでいるという考え方が嘘だ、おかしいということではなく、それはそうとしか言えないんだけど、そういうふうにしか生きられない我々人間が、でも暴力にまみれずに生きていくにはどうすればいいか。それが私がこれから考えていこうとしている思考の基本的な筋道です。

誕生や産出の話については論文「生命学とは何か」でも書いています。誕生にはやっぱり二面がある。一つは人を誕生させること自体が暴力だという面。でも同時に、この世界に誕生したということ、誕生させられたということには根源的な祝福があるという面。その両面の矛盾を見ていくことが、これからの生命の哲学、産出の哲学の大きなポイントになっていくと思います。

杉田　図式的に言うと、英米系の一九七〇年代以降の生命倫理学では、生きてもよい生命と殺してもよい生命の間にラインが引かれます。これに対し、日本の生命倫理／生命学／生存学などでは、生命倫理のアングル自体への批判（脱構築）が試みられてきた。線引きはできない、論理的につめていけば死なせる理由はみつからなくなる、ならば、まずは何よりも、生きることを人が選びうる十分な制度や環境を整えるべきだ、話はそれからだろう、と。

　しかし、そこにはやはり、他者を殺したい、他人の弱さの核をこそ蹂躙したいという攻撃性、あるいは死にたい、生まれてこなければよかったという死の欲動、などの精神分析的な（と、単純に言っていいのかわかりませんが）水準があるのではないか。生存や生命の理論にこの水準を再導入する必要を感じます。

　でも、さらにいえば、たとえば、フェミニズムからの男性性の否定が、ものすごく森岡さんの中で大きくなってしまっている、という面がありませんか。極端なフェミニストの主張の中には、男性抹殺団や、すべての男性を滅ぼさないかぎり女性の幸福はありえない、という主張があるわけですね。そこまで極端ではなくとも、女性のみの単性生殖を夢見る欲望は、連綿とあると思う。そういうラディカルな否定性を内面化した男性たちのメンズリブを、ぼくはラディカル・メンズリブと呼んでいます。たとえば、文化人類学者で性暴力問題について活動されている沼崎一郎さんのDV本を読むと、ひたすら自分の男性性を自己否定し続けるわけです(『なぜ男は暴力を選ぶのか』かもがわ出版、二〇〇二年)。

森岡さんは『感じない男』で、男の射精は一種の阻害体験であって、至福の体験でも何でもなく、ほとんど排泄の快楽でしかない、と言う。その性器的な感じなさが、男性の女性嫌悪(ミソジニー)の一つの原因なのかもしれない、と。しかしさらに読み進めていくと、もっと不気味なことも述べている。性器の感じなさにとどまらず、男性の中には自分の男性的身体に対する根本的な否定意識が渦巻いている。たとえば、メイド服やセーラー服などの制服フェテシズムの背後にはじつは女性を洗脳し思う存分陵辱したいという欲望があると。しかしさらにその先には、自分の男性性を脱ぎ捨てて女性と一体化したいという欲望があって、さらにその奥には、自分をもう一度産み直して、男である自分の身体から解脱したい、そういう欲望がある、と。たんなる感じなさの闘を過剰するような男性性否定をみるわけですね。

ただ、そこにはマスターベーションした後に性器を処理するティッシュの汚らしさへの嫌悪、という卑近な事柄への着眼もあって、そのへんに森岡さん独特のユーモアを感じるのですけれども。しかし、この激しい男性性否定はどこから来るのでしょう。

ぼくも自分の男性性、男であることに対する嫌悪がやっぱりどこかにある。それは非モテ意識にも関係します。たとえばぼくには醜貌恐怖がちょっとあって、鏡が見られないんですね。ちなみにNPO法人「ユニークフェイス」代表の石井政之さんの『肉体不平等』(平凡社新書、二〇〇三年）は、非モテ論として読んでも面白いです。自分の子どもが生まれるときも、正直に言えば、当初は女の子がいい、と思った。男が嫌いだから。正確には、自分を嫌いな男の子に産んでしまうことは可愛そうだって思ったから。今は子育てをしながら、そういう考え方の傲慢さを日々教えられているところですけれども。ただ、そういう暴力性が自分の中に兆した事実は記憶しておきたい。そういう形で子どもにすら暴力が転移し継承されてしまう構造がある。これはなんだろう。

この問題は男性運動の根にあるものではないか。ただ、必ずしもこの自己否定が悪いもの、否定しきったほうがいいものだとも思えないのですが…。

身体性の否定

森岡　たぶん多くのフェミニストに一番見えていないのは、男性の自己嫌悪という問題ではないでしょうか。ウーマンリブは「女は社会から自己否定させられてる。でも自己否定する必要なんてほんとうはないんだよ」という自己肯定からスタートしますよね。それに対し、社会は構造的に男性優位にできていて、だから男性たちは自然に自己肯定できるし、その余裕があるから自己否定や総括を主張できるんだと。その意味では女性は男性の権力性についてすごく鋭利な洞察をしたけれども、洞察しきれなかった部分もいくつかある。そのうちの大きなものの一つは、男性の自己嫌悪、特に身体蔑視の問題だと思います。

だから、私が『感じない男』で提起した論点は、ジェンダー論的に考えれば、それなりの学問的功績があるんじゃないか。男性が自分の身体を肯定できないという、そこにねじれの根源がある。関係性のなかで、そのねじれがもっと大きなねじれを生んでいく。そういうことを明らかにしています。まずはそれを注釈的に付け加えておきたい。

では男性のその自己否定や身体蔑視はどこから来るのか。私の書いたものを読んだ人にはそういう疑問をもつ人が多いようです。『無痛文明論』の中では、身体的な欲望は明らかに悪いものとして描かれているわけでしょ。

これは難しくて、でも、いまおっしゃったような分析以上のものも私自身ないんですけどね。一つは森岡という人間の個人的な何かがある。もう一つは、私自身がジェンダーやセクシャリティについてフェミニズムから覚醒させられたということがある。その覚醒させてくれた相手の言葉が、根本的に、男の存在を否定するようなメタメッセージを孕んでいた。そして自分の中にももともとあった根底的な身体への否定感。それらが合併してしまい、増殖させられたかたちでたとえば『感じない男』のような理論になっていった、という説明は、一番しっくりは来ます。他人ごとのように言えば（笑）。

フェミニズムの中に男性性の根本的な否定がメタメッセージとしてあるとして――それは明らかにあると思いますが――、それを差し引いたとしても、なぜ自分の中に身体への自己否定があるのか。これはわからないとしか言いようがない。こうなると非常にプライベートな問題と関わるので、私は自分自身のことしかわからない。ただ、自分自身を振り返ると、自分にはっきりとそれがある。逆に私以外の男性にも同じような身体否定の感覚があるのかどうかは、『感じない男』を出版する前まではよくわからなかったんですね。そもそも、男同士の場ではあまりこういう話はしませんしね。しかし、実際に本を出したら、共感してくれる男性たちがわりと多くいた。やっぱりこういう問題があるんだ、とそれで分かったんですけれども。

その原因は生物学的なものもあるのか、制度やジェンダーの問題が大きいのか。そこはまだよくわからないですね。

杉田　付け加えると、さまざまな要因があるにせよ、近代的な資本主義の問題もあるのではないか、と思います。資本制には主体の自己否定の積み重ねによってドライブしていく動力があり、それは労働者にアディクションや自傷行為を強いていく面がある。とはいえ、かりに資本主義が否定されたとしても（そんなことがあるとして）、否定性は残るのではないか。

それはあの自分を棚上げしないという話と絡んでくる気がする。たとえば人間の「言葉」の問題が根本にあるのかもしれない。言葉を用いるとき、その言葉は自分の中に跳ね返ってきて、言っていることとやっていることの食い違いとして、自分の内側に否定性をさしこんでいく。そういう面があるのかもしれない。

森岡　ただ、私としては、男性の身体の否定性の問題を、あまり普遍的なものとして捉えたくはありません。もちろん私、森岡個人だけのものではないんですけれども。あんまりそれを普遍的な何か、男性性全体の問題とまでは言いたくない。そういう気持ちがあります。

なぜなら、そうだとすると、男性に生まれてきた自分を肯定するチャンスがなくなってしまうでしょう。あまりにも深く、普遍的にその否定性がインプリントされているのだとしたら。そうじゃない、と思いたいんですね。『草食系男子の恋愛学』の最後にも書きましたが、男として生まれ、男として育ってきた私の存在を全否定することなく、いかに優しい関係性を作っていけるのか。そこがポイントでしょうか。

私がフェミニズムから大きな覚醒体験をもらったのは事実です。ただし、私はフェミニズムのなかに根深くある男性に対する存在否定のメタメッセージは拒否したい。ここは非常に微妙なところです。このように言うことで、私はフェミニストの一部の人たちと対立していかなければならなくなる。それは仕方ありません。しかしこの問題についてはフェミニズムでも答えを出していないのではないか。男性はじゃあ具体的には自己否定の先でどう生きればいいのか、ということについて。まあ女性たちはそんなこと考える暇があったら女性を助けることをまず考えますから、それはそれで正しいわけです。男のことは男が考えるしかない。

やはり男性として生まれついて、育って、そのことを問うている人たちが主体的に考えるしかない。その時に、男性として生まれて育ってきたことの全体が丸ごと肯定されてほしい。そのためにどうするのか。一つの重大な手がかりはやはり優しさかなと思います。

そして、人が生まれたこと、誕生したことの原点を見ていきたい。私という存在は無限に昔から存在していて今後も無限にある、というものではない。この世界にある時点で産み落とされたものなんです。産み落とされて、一回だけしか生きられない。その事実自体は決して否定されるべきものではない。肯定されていい。そしてそのことを肯定しつつ、男性と女性の間の関係性を変えていきたいと思うんです。その意味では、フェミニズムの持っている男性存在否定のメタメッセージは拒否しなければいけないと思います。

子どもからの問いかけ

杉田　森岡さんの文章には、しばしば決定的なポイントで子どもが出てきますね。女性からの男性性否定は見えやすいのですが、子どもからの否定性は見えにくい。子どもは対等な言葉や抗議の声を持たない（と見なされている）からです。

たとえば、二〇〇九年に改正された臓器移植法（一五歳未満の子どもの場合、親の承諾のみで法的脳死判定と臓器移植を行ってよい、とする）に対し、少なくとも六歳以上一五歳未満の子どもには、ドナーカードによるイエスノーの意思表示の機会を与えるべきだ、と森岡さんは提案します。先日の参議院の厚生労働省委員会の場では、脳死議論で最も排除されているのは脳死の子どもたちであり、子どもは親の所有物ではなく、丸ごと生まれて丸ごと死んでいく自然の権利がある、とおっしゃいました。物言わぬ子の「その小さな声」を私たちが感じ取ることができるかが問われている、と。

また「仮面をかぶった子どもポルノ」の問題については、親を児童虐待と見なして処罰すべきだろう、と提案します。クローン人間についての記事でも、まずクローンとして生まれてきた子どもの人権の話から始める。さらに、『無痛文明論』の中でも、生命の自己変容のためには既得権を自ら放棄するプロセスが避けられない、という話をする時に、それが苦しむ「子ども」から親への「最後の問い」として示されるんですね。無条件の愛などと言うなら、「いま目の前にいるこの私のために、あなたがしがみついてきたいちばん大事なものを、いまここで手放し、崩してみろよ」、と。フェミニズムのインパクトと同時に、森岡さんの哲学においては子どもからの問いかけが一貫してポイントなのではないか。

森岡　それはあるのかもしれない。私の個人的な執着があるのかもしれないし、あるいは私のような道筋でものを考えていくと、思考の必然としてそうなるのかもしれない。それこそヨーナスとか、アーレントもそうですね。でもそこをどう言えばいいのかな。

杉田　さらにいえば、にもかかわらず、森岡さんの言説にはちらちらと、ある種の子殺しの欲望に近いようなものがほのみえること、そこが不思議に見えるんです。「生命学とは何か」では、悔いなく生ききる生命学の立場からは、赤ちゃんを殺すことはもちろん肯定はしないが、それは「謎」にとどまる、答えが出ないことに永久にとどまるしかない、という。また膣内射精論では、赤ちゃんが産まれることの中には不可避に「潜在的な性暴力の影」がありそれが「原罪」とされ、「将来世代を産出する義務はあるか?」でも、緩やかな人類の死滅は否定されない。この矛盾というか、振れ幅は何なのでしょう。

森岡　生命ということを切り口に考えようとすると、子どもの存在はやはり中心的な問題になるということですね。論理的に生命の継承ということを考えれば、そうなります。

ただ、子どもとか生まれてくること、生命の誕生については、先ほども言ったように二面性がある。だから暴力性を孕んだ罪悪の面と、そこに希望が集約される希望の面という両方がある。そこはそうとしか言いようがありません。

そういえば、先日、死刑についてアムネスティインターナショナルで講演をしたんですね。私は基本的に死刑廃止論者です。ただ、他方で死刑に賛成する人の気持ちもよくわかる気がする。少なくとも感情的にはわかる。けれども死刑制度は廃止すべきである。これは「べき」論です。その場合感情的に何がわかるかと言えば、私は子どもにひどいことをした人だけは死刑でいい、と思っている。だけど、制度としては死刑はダメだとも思う。やっぱり問題のリミットで子どもの存在が出てくるんです。もちろん大人にだって残虐非道なことをした人は死刑だという感情はあるのはあるんだけど、子どものときほど強くはない。繰り返すけど、理屈としては死刑は反対です。だけど感情的にはそこは違う。

森岡個人のバイアスの可能性も十分ありますよ。なぜか子どもをすぐ連想して考えてしまうという。大人への暴力よりもなぜ子どもへの暴力のほうがゆるせないと感じるのか。これはやっぱり謎です。生物学者はそれなりの説明をするんでしょうが。子孫を残すことの本能がどうのこうの、と。

杉田　今日は、非モテ、草食系男子、ウーマンリブ、フェミニズム、優しさ、男性運動、資本主義、動物、宗教的なもの、生殖、子ども…など、さまざまなテーマについて議論させていただきました。読者の皆さんには、あるいは、これらの論点は互いに無関係なもの、ばらばらなものに感じられたかもしれません。

しかし、それらを串刺しにするもの、男性性や生命について根本的に考えぬくための理論と実践の手がかりを探りたい、と思っていました。

また、リブやフェミニズムの受け止め方について、世代間のずれや断絶の所在も示されたと思います。ストレートにリブやフェミニズムを受け止められない、という社会的必然がある。これを無視して過去を懐かしむことも、現在の新しさに惑溺《わくでき》するのも、ともに無意味です。しかしそれらの状況の違いを自覚しながら、いかに遺産を批判的に継承し、「この私」が問いをひらき直せるのか。そういう問い方が依然ある、と思います。そしてその断絶の中に、ある種の希望があるのかもしれない。かつてアーレントが「誕生」の経験の中に、「まったく新しいことの始まり」を見たように。

そしてポスト男性運動下の現在、これからいかに新しいムーブメントを作っていけるのか。そうした動きは、あるいは、森岡さんたち先行者の皆さんにも何らかの生産的な問いを喚起しうるかもしれません。今日はありがとうございました。

森岡　今日は、杉田さんから徹底して切り込まれたのだけれども、それに対してはかばかしい応答はできなかった。ただ、今日の対論のなかに、かなり本質的な問いがいくつか生《なま》の姿で出ているると思います。これから、それらの問いをみんなで考えていきたい。そのためのヒントがあれば本望です。

5

フェミニズムとカトリックの間で

栗田隆子×生田武志×大澤信亮×杉田俊介

2009年11月8日　スカイプ

「書く」ことに専念する

杉田　『フリーターズフリー』2号では「女性の生活と労働」について考えました。栗田さんは不登校を経験し、カトリックのクリスチャンであり、ウーマンリブやフェミニズムを学び、シモーヌ・ヴェイユの哲学を研究し、派遣・非常勤の仕事をし、今は女性の労働運動や反貧困運動にコミットしています。かなり複雑で多面的な経歴というか、あたかもその人生で〈女性問題〉の多様性を丸ごと生きてきたような感じがあります。これまで、フリーターズフリー内部でもたくさんの議論や論争の時間を重ねてきましたが、栗田さんの人生経験を串刺しにして、まとまった形で話を聞く、という機会はなかった。それらを連続性の中で聞いていく時、栗田さん個人の話だけではなく、現在の女性たちが置かれた困難の多面性も見えてくるのではないか。それは同時に、女性の権利運動、ウーマンリブ、フェミニズムと続く歴史をいかに継承し、また今後批判的に展開していくか、という問いとも地続きだと思います。

切り口は色々ありますが、栗田さんは今、現在の職場（国立保健医療科学院）を退職し、これからは「書くこと」の道を積極的に選びたい、と言っていますね。まず、そこに至る流れ、心境について聞くところから始めましょう。

栗田　まず、私の場合は自己都合で辞めています。退職には自己都合と会社都合というのがありますよね。会社都合というのはいわゆる「解雇」ですが、私の場合は「解雇」ではないので、自己都合なわけですが、ほんとうは「社会」都合と言いたいところもある。五年半非常勤職員として働いているなかで、長期間非常勤を雇い続けるということの組織内のひいては社会の矛盾を改めて感じたからです。

そのように感じた際に二つの選択肢があると思いました。つまり、そのまま職場内での非常勤としての権利を向上させるべく必死に頑張って内部を変えるような闘いを行うか、職場から外に出てフリーターズフリーでやってきたこと、つまり「書くこと」を突き詰めるか、その二つの選択肢があったんです。内部で闘い、変えていくか、それとも職場の組織の外に抜け出て書くか。身体が動かなくなるまで迷ったし――かつての不登校したときにも通じる話ですが――、自分はどうするべきかと悩みました。でも、やっぱり最終的には書くことを選びました。

「労働条件で悩みうるようになりたい」と前に書いたことがありますが、自分がほんとうに「悩みうる場所」はどこなのか、本気で怒ったり、人とぶつかることのできる場所はどこなのかと考えたときに、前の職場では、どうも自分自身が責任が取れないと感じてしまうことによって、それこそ真剣に悩んだり、考えられない場所になってしまうと感じていました。もちろん非常勤であっても真剣に考えたり、悩んだりする人はたくさんいるし、それだからこそ内部で闘うという意味はとてもあると思う。しかし、私の場合はどうしても前の職場において「真剣さ」が足りなかった。仕事を辞めるに至った理由は、そこが一番大きかったですね。

今まで「仕事が怖い」と言い続けて、どうやったら「仕事が怖くない」場所を生み出していくかということが、自分の問いとしてあったのですが、悩んだり、考えたりすることができる場所、その「悩み」や「考えること」に対する責任を持てる場所を、今度こそ自分自身が作り出す側になりたいと思いました。

これまではこの社会のなかで自分が居られる隙間をなんとか見つけようという感じでした。でも、『フリーターズフリー』などを〝作っていく〟という作業を通してはじめて、「私も何かができるかもしれない」という感覚を得たというか…。

大澤　近年の労働運動の闘いのポイントというのは、いわゆる非正規や契約社員などで働いていた人が、いかに職場のなかでしっかり受け入れられていくかを求める運動だったと思うんです。たとえば労働者派遣法では、派遣で三年以上働いたなら、正規に雇用しなければいけないとか。でも、栗田さんは、むしろそっちではない方向を選んだわけですよね。

栗田　そうですね。

大澤　悩みに悩んだということですが、それを最初に聞いたときにちょっと危うい気もしたんです。というのは、近年の労働運動のある意味での価値が、職場での雇用関係の是正や改善を求めるという具体的な闘争を示したことにあるとすれば、栗田さんはむしろ、一見するとそこから退いたように見えるわけです。それは、ある政治的あるいは経済的な現実を「書く」ことで突破しようとするという、従来からずっと繰り返されていることだと思うんです。

たとえば北村透谷《きたむらとうこく》（一八六八—一八九四。明治の詩人・評論家）は、政治的なものにつまずいて、宗教や文学といった「言葉」に可能性を求め、それにさえ失敗して自殺する。これは今に至るまで文学者の典型的な敗北の形式になっている。そしてまさに透谷は栗田さんと同じくクリスチャンだった。そんなことをまず思ってしまいました。

ただ、ここで一つ、そういったアングルに回収できないポイントがあるとすれば、むしろ栗田さんにとっては、書くことが現実的な社会運動とすごくつながっていますよね。「女性と貧困ネットワーク」の人たちとの出会いや、フリーターズフリーの、小さいけれども現実的な経済的・社会的な活動のように。政治から退いて「言葉」に救いを見出したのではない。

栗田　はい。

大澤　さらに、栗田さんは、ウーマンリブやフェミニズムの先人たちの活動にものすごく影響を受けながらも、自分の置かれた現実を見たときに、「そうではない、そうではない」というところがどこかにあったと思う。たとえば、この本に収録されている上野千鶴子さんとの討議でも少し言葉にしていましたが、やっぱり自分が抱えている問題は、どこか既存のフェミニズムの文脈からずれているんじゃないかという感覚ですね。

たぶん、それらすべてが重なり合っている十字路の中心で、自分の社会性を見出すとき、言葉を出すことを大事にする、それを通して現実的なアクションとつながり、さまざまな人たちと金銭のやりとりも含めた関係として出会っていく。そのうえで成り立つ生活は何なのかを考えている。だから言葉を売って生きればいいという話でもない気がします。

栗田　言葉を売るというのは、いわゆる「ライター」というイメージではないんです。社会のいかなる場所で責任を持ちうるんだろうというのが最近の私のテーマになっていて、そこがまず社会における活動・能動性に絡んでくると思います。

さきほど大澤さんがおっしゃった「どこか既存のフェミニズムの文脈からずれているんじゃないか」という話ですが、まずはウーマンリブで書かれたこと、フェミニズムで書かれたこと、それこそ上野千鶴子さんが『家父長制と資本制』（岩波書店、一九九〇年）で書いた労働概念を変えていくというのを、文字通りバカ正直に私なりにやろうとしていて、フェミニズムをやっている女性と会ったときに齟齬《そご》が起きるという不思議な体験をしました。私は、フェミニズムに出会ったのが一六歳なので、それをほんとに真っ正直にやってきたつもりなんです。

フェミニズムとの出会い

大澤　真っ正直にやっているとのことですが、そもそも栗田さんにとってフェミニズムってどういうものなんですか。最初にフェミニズムに出会ったときの感じを聞いてみたい。

杉田　一六歳の頃に出会ったフェミニズムって、具体的には誰の何という著作ですか？

栗田　本に出会ったわけじゃないんです。まず一六歳の頃の話をしますと、その当時は不登校していて毎日暇なんです。たくさん時間があった。映画が好きだったので、最初は映画をいろいろ観に行っていました。だけどお金がない。そこで、当時住んでいた実家の近所だった江ノ島には「県立かながわ女性センター」があって、いろいろな映画を無料で上映していたので、そこに通い始めました。そして映画を観た後、センター内のチラシを見るといろいろな講座をやっていることが分かったんです。

一九八九年か九〇年頃で、後に「女性センター」の歴史について詳しい人に聞くと、その当時は、主婦をターゲットに女性学やフェミニズムの最先端の先生を呼んで、そこで話をしてもらうという動きが強い時代だったらしいんですね。そのなかで江原由美子さん（現在、首都大学東京教授）とか久場嬉子さん（現在、龍谷大学教授）など、大学で女性学を教えている先生の講座が無料であったので、行きたくなったんです。私が小さい頃からデブとかブスとか言われていたことや、母親との関係など、そういうモヤモヤと悩んでいたことと共鳴したのかもしれません。そこで最初に話を聞いたのが、当時東京都立大学の江原由美子さんの話だったわけです。本を読む前に、それを語る人間に会ったことは大きかった。

その講座は主婦の人が相手だったからだと思いますが、講義の冒頭が、労働と家事労働、職場の仕事と家事労働の両立は大変という内容でした。私の母の、仕事と家事の両立の大変そうな様子や、その鬱憤を子どもに晴らしてしまう姿が、講義の内容とすぐつながりました。母のしんどさが解けて、それによって自分も救われたような気になった。つまり母親の悩みというのが、単純なその人個人だけの悩みではないとわかってほっとしたんですね。

あとやはり美醜の問題もミスコンの問題が騒がれた時期だったからか、女の人を容姿だけで見ていく価値観そのものが、社会的な問題だという話も出た…。多分江原さんが家事労働の問題や容姿の問題等々を逐一説明されたというより、講座の大きな流れの中で、「女性の問題は社会的な問題だ」というメッセージを私が受け取って、小さい頃から言われてきた罵倒の言葉も、社会的なものとつながって考えられると思ったのが、一番大きい。だから本ではなくて、まず人でした。

杉田　不登校の高校生だった栗田さんがお金がないから主婦向けの無料の講座に出た、そこでフェミニズムに出会った、というのはねじれていて面白いですね。

栗田　ええ。

生田　そのあたりは、多くの人がある程度共通するところかもしれませんね。確か上野千鶴子さんも、学生時代にアメリカのフェミニズムの本を読んで、自分の現実とはこういうものなんだと理論的に解明してくれたショックと解放感が大きかったと言っています。その点についてはたぶん、栗田さんも同じ面を経過していると思うんですよ。でも、その後の流れは、またそれぞれ違ってくるわけですね。

栗田　私の場合は「フェミニズムとは何か」といった「フェミニズム」の定義にはあまり関心がなく、ともかく現実的な問題をどうしようと考えてきたわけですね。はっきりといってしまえば私は母からの暴力を受けたんだと思うんですね。肉体的な暴力ではなく、精神的な暴力。愚痴を聞かされ続けたとかね。それに対して私は直接母親に暴力を返していた。私に愚痴を言えば、職場に直面する必要もなく、夫に直面する必要もなく済むという母のあり方に対して、これまた私自身も暴言を投げつけたりして…。

でも、母親と一対一で荒れているだけの回路だと救いがないし、これは違うとどこかで思っていた。そんなときに、その状況には社会的回路が存在していて、母の苦痛、母が私に与えた暴力、それに対する私の反撃というのも、社会の構造のなかにあると思ったときに救われた。そういう言い方のほうが正しいかもしれません。

生田　なるほど。でも栗田さんは、その社会的な暴力を行動で変化させるのではなくて、なぜかシスターになろうとした…。

栗田　社会運動の活動家って、すごく体力がいるのかなと思って（笑）。

生田　ああ、活動家は元気ですね。

栗田　シスター達も元気といえば元気ですが、もう少し静かな生活を送っている印象があって…。面白いことに、キリスト教徒になったのは、フェミニズムに出会ったのと同時期、同時進行なんです。

大澤　そのことも話してもらえますか。

シスターとの出会い

栗田　キリスト教徒になったのは偶然というか、それこそ神の力なのか（笑）。中学時代にまず、転校生がクラスにやってきて、仲良くなりました。でもその子が急に学校に来なくなってしまったんです。そこでクラスのちょっとお世話焼きな女の子が私に「プリントをいっしょに届けようよ」と言ってきた。最初は面倒くさいなと思いながら一緒に行ったら、なんと私の通っていた公立中学校の近所の修道院に入って行ったんです。

転校生のクラスメートが修道院に住んでいたという事実にすごくびっくりしましたが、そこで初めてシスターという人達と遭遇しました。家庭の理由もあってその子は親から離れて修道院で暮らしていたのですが、シスターたちもたぶん困っていて、プリントを届ける友人が来たというのですごく歓迎してくれたわけです。私は、シスター達の他人を受け入れてくれる親しみやすさと、何よりそこで出されたおいしいお茶とクッキーにすごく魅力を感じ（笑）、ことあるごとにプリントをせっせと届けに行くようになりました。そのクラスメートは、ずっと学校に来ないまま中学卒業と同時にその修道院を去りましたが、私はことあるごとに修道院に行ってシスターたちと仲良くなった。

その後、私も高校に入ったものの、学校に行きたくないと意識するよりもまず、身体が動かない、行けないっていう状態になったんです。それから手首を切ったりと激しい事態になった際に、話し相手になってくれたのがシスターだったという経緯があります。

そのとき、シスターたちがなぜ家族から離れて、結婚もせず、女性達ばかりで集まって生活をしているのかと疑問が湧いてきたんですね。しかもすごく楽しそうに、明るく生活していた。そして、この生活や、面白い人たちを支えているのが、どうもキリスト教であることが段々と分かってきた。修道院に飾ってある十字架像に磔になっているイエスという人間は約二〇〇〇年前に生まれて死んで…という話はうっすら知っていたけど、親類縁者にキリスト教徒がいるわけではない私にはとても遠い話だったわけです。でもシスターたちはイエスをすごく近くに感じて、生活の礎としている。なぜシスター達がイエスに惹かれて生活を送っているかを知りたいから、キリスト教のことについて教えてほしいと一番親しくしていたシスターに話したんです。

そのシスターというのが実は、修道院の取りまとめ役といいますか、修道女に対して指導する立場で、聖書のこともよく知っているというインテリな人だったわけです。それで、その人から直々に聖書を教えてもらうようになった。

「祈り」とキリスト教では言うけれども、例えばイグナチオ・デ・ロヨラ（一四九一―一五五六。スペイン出身のイエズス会創始者）の「霊操」（魂の修練）といった伝統を見ても自分の感情を言葉にしていくことが神につながるという発想が、キリスト教というかカトリックの中にあった。また、自分の感情を言葉にしていくことが社会的なものにつながるという感覚がフェミニズム、ウーマンリブにあると感じていました。心に思ったことをまず自分の言葉にすることが大事なのだという視点に非常に解放感を感じて、その原体験を大事にして、さらにそれを伝えられる人間になりたいと思って、シスターになろうとしましたが、結局シスターにはなれませんでした。

大澤 フェミニズムも修道院もどちらも男がいない空間ですよね。

栗田 確かに。私が最初に出会ったのは、男性である司祭が取り仕切る「教会」ではなく「女子修道院」だったので女性ばかりでしたね。やはりデブとかブスとか男性に言われていたから、男性からは距離を置いたんだと思います。

生田 そこは雨宮処凛さんの逆ですよね。雨宮さんは女の子にいじめられて、男の多い空間に行ったということがある。僕も釜ヶ崎関係でキリスト教の人たちとつきあいがあって、ときどき修道会に行ってカンパの物資をもらって、シスターからお菓子とお茶をいただいたりするんですよ。やっぱり、別世界なんですよね。世の中でこんな生き方をしている人がいるんだ、というような漂白された雰囲気を持っている。

『フリーターズフリー』2号で栗田さんがNFO（Non-Family Organization）の一つの例として修道会を取り上げましたが、キリスト教を信じる人間だけで共同生活を営むというのは、ある種の家族の形ですよね。

栗田 奇しくもフェミニズムでもシスターフッド（女性の連帯）と言います。フェミニズムと修道院とで、全然ニュアンスが違うけれども、シスターという同じ言葉でつながってしまうところが、私の中ではあります。たしかに、修道院はけっこう家族的なわけです。でも家族的といっても母・娘ではなくて、母・娘ほどの年の違いがある人とも本気で喧嘩し合うとか、修道院ってそういう空間でもあるわけですよ。

生田　シスター、つまりきょうだいですからね。

栗田　そう。でも、たしかに男がいないんですよね。「フリーターズフリー」が初の複数の男性達との共同作業という感じがします。

不登校の時代

生田　当時の栗田さんは、家にも居場所がなくて学校にも居場所がなくて、修道会とフェミに出会ったということですね。

栗田　そういうことです。その時期に男性に出会っていたら、もしかしたら違っていたのかもしれませんが。

ただ、昨日（一一月七日）「女性と貧困ネットワーク」の一周年集会でいろいろな人がシンポジウムで話をするなかで、いちむらみさこさん（画家。都内公園でテント生活をしながらエノアール・カフェなどを主催）が男女の社会的な位相の違いの例としてこんな話をしてくれました。若い中学生くらいの男の子が家出して公園に来てしまった際に、テント村の住人の方々はその男の子に対して、それぞれがお兄さんになったりお姉さんになったり、おじさんになったりおばさんになったりして、面倒を見る。ところが女の子が家出をして来た場合は事態が一転する。主に「オヤジの相手となる女」という立場に女の子は立たされ、いきなり性関係が生じていってしまう。男女がそこにおいては非対称的で、女の子においては路上やテント村では性抜きのコミュニケーションがなかなか成り立たないという話をされていたときに、すごく頷けるところがあったんですね。

というのも私は、一〇代の時に容姿についていろいろ言われて、小学校時代はただただ嫌だなあって思っていたのだけど、自分の容貌ゆえに男性から嫌われて、いわゆる恋愛も絡んだ「性」にまつわるややこしく暴力的な事態に関わらないで済むならば、それならそれでもいいかなとどこかで思っていました。その思惑は結果として間違ってはいたのですが。でも、そういう思惑もあったので余計に性を軸としたコミュニケーションを避けていたところがあったと思います。

杉田　「なんで不登校になったの?」という質問自体の暴力性があるわけですが、栗田さんは色々な経験を経てすでに一定の強さを得ていると思うので、そこを聞きます。僕の印象では、数年前の栗田さんは、男性への嫌悪が明らかに強かった。女性は被害者で男性は加害者という、図式的な意味でのフェミニズムの感覚を研ぎ澄ましていた。それは男どもからデブでブスといじめられてきたという、少女時代に刻まれた肉体感覚から来るのでしょうか。

栗田　ええ。

杉田　さらにそこに母親的なものからの暴力性が重なるわけですね。これらの男性の暴力、母親の暴力という現実と栗田さんの不登校経験は切り離せないのでしょう。不登校の時期はいつからですか？

栗田　中学ぐらいから学校をサボりだしました。一週間に一回休む、月に三、四回休むみたいな感じです。中学の時に、仲良くしていた同性の友達が離れてしまったという寂しいこともあって、学校へ行くのが嫌だなと思っていたんですけど、中学は適当にサボるというレベルでした。それこそ黙ってサボると親の会社に電話が来るということで、私が母親になりすまして「隆子は休みます」と学校に電話をかけたり（笑）。

私には姉がいるんですが、当時姉は神奈川県の超進学校に行っていて、その学校は雰囲気が自由だったんですね。私はその進学校には入れませんでした。でもどんな高校でも高校になったらもうちょっと適当というか大人の関係が作れる環境なのではないかと期待したのですが、中学校と雰囲気はあまり変わらなかった。その時にまたこの似たような空間で人間関係を構築して、中学校のときとほとんど変わらない人間関係の繰り返しになるのかと思うとがっくりきたんです。

さらに追い打ちを掛けたのは、『機会不平等』（文藝春秋、二〇〇一年）などで知られるルポライターの斎藤貴男さんっていますよね、あの人が母と同じ高校の卒業生で、ある日その高校の卒業生たちが寄稿した文集というものが家に届いて読んだときに斎藤さんの手記が載っていて、いかに破天荒な高校生活を送っていたかということが書いてあったんです。制服はもともとない学校だけど、下駄履きにランニングで半ズボン、ステテコみたいな格好で登校したとか。母親もまたその頃の私とは全然違う高校生活を送っている、「何だろ、これは」と。

「高校」という言葉だと一括りになるけれど、いろいろな高校があって、昔も今も公立の進学校だと自由が許されているところが多く、他方で私が入学した高校の教室の中は中学校と雰囲気は変わらない。ある先生からはいきなり授業で「君たちは日東駒専（日本・東洋・駒澤・専修大学）ぐらいには行ってください」と言われたりして、その見栄も体裁もかなぐり捨てた露骨な「学校歴志向」にがっくり来て「何だ、これは」、と。自分のいる場所の意味が良く分からなくなって余計に学校に行けなくなってしまったんですよ（笑）。

杉田　不登校とひと口に括られるけれども、年齢によって状況やその後に違いがありますよね。貴戸理恵さんは小学校時代の不登校でした。栗田さんにとっての不登校はどういうものでした？

栗田　あのねえ…、もう死にたくなったし、学校に行かないって決意する前に、まず身体が動かなくなっちゃった。

私の悪い癖で、それは今の職場の問題ともつながるんですが、言語化される前に身体が反応してしまう。中学の頃から、学校はずっと嫌だと思っていたし、行きたくないって思っていたんですよ。だけど、一〇代だと学校のオルタナティブというのが、なかなか見出せない。学校に行きたくないということを表明する前に身体が動かなくなるというのは情けない事態で、どうして自分は皆と同じようにできないんだろうと思った。別に家に居たいわけではないから、人との接点が見出せなくなって、死にたくなったという感じですよね。

杉田　その行き場所のなさから押し出されるように、ふらっと映画を観に行ってフェミニズムに出会った……。

栗田　映画といっても最初は日本映画ではなくて、ハリウッドのしかも五〇年代の古い映画ばかり見ていました。それが、私にとってはある意味他者との出会いだったわけです。まず、学校の制服の「白と紺」そして髪の色が「黒」という世界とは全然違っていて、金髪だの灰色の瞳だの、髪や肌や瞳の色がカラフルだった。さらに日本の芸能界の女優が細いのと対照的に、昔の映画の女優さんは体がおおらかというか、ガリガリでもない。マリリン・モンローの映画を観て、そういうおおらかさみたいなのを受け取っちゃったんです。「ああ、けっこう体とかもプヨプヨしているけど、そういうのもありなんだ」とか、そういう感じを映画などから受けて。フェミニズムやクリスチャンにはまる前に、映画という要素がありますね。

大澤　フリーターズフリーでも最初の頃は、ひきこもり当事者の上山和樹さんが一時期絡んでいたってこともあって、不登校の話は何回か議論になりましたね。僕も学校がすごく嫌いだった。それこそ毎朝お腹が痛くなるなど身体的な問題があった。それでも行ったという話をしていた。どうして行ったのかは今でもよくわからない。退学する勇気がなかったのかな。退学後に働くための準備をしたり、転校するために別の高校に話を聞きに行ったりもしたんだけど。

　正直どっちでもいいんですよね。行くんだったら行ったらいいし、行かなかったら行かなかったで。べつに高校に価値はない。でも、ちょっとおかしいと思ったのは、中学にせよ高校にせよ、

「不登校でも退学者を出すよりは」と、明らかに学校に来ていないのに卒業させるケースがじつは多かったと。僕の通っていた高校はそういう高校ではなかった。しかも、そういう高校は、単に卒業できたというだけではなくて、早稲田とかですね、いちおうそこそこの大学に行っているわけです(笑)。自分はあれだけ嫌な思いをしながら通っていたのにね。学校を休んでいた人が意外とちゃっかりやっている。そう思ったときに、不登校に対する見方が自分の中でもよくわからないというか、腑に落ちないものとしてずっと残っていたんです。

まあ、今となっては、他人がどうかなんてどうでもいいんです。結局は自分の人生を生きるしかない。でも「どうでもいい」で片づけられない、片づけたくないのは、不登校の問題というか、学校から外れることの問題を悩んでいる人ですね。そういう人は今でも少なくないと思うんです。その人たちがいかに学校以外の社会に出会っていくかは、当時の自分を思い返してもたしかに重要な問題です。やっぱり学校という枠内だけで考えていると、それが社会のすべてじゃないですか。たとえば、社会学者の宮台真司さんは、「高校にドロップアウトした人はその後の人生もドロップアウトする」と言ってしまうわけですよね。そういう意味では、学校の外に出会えたことも含めて、栗田さんの不登校経験は考え直す必要があると思います。

栗田　学校だけが教育機能とされている、逆に言えば学校以外に教育機能を持たされていない社会のありようというのは、やはり非常に問われなければいけないと思う。NFO、NGO、NPOという話がありますが、教育機関はなんだろう。Non-School Organization、NSOですか?

（笑）

杉田　それはフリースクールというイメージとも違うものですか。

栗田　はい。フリースクールは、お金の問題があります。値段はかなりまちまちですが、けっこう高かったりする場合もある。私の場合はそのあと通信制の高校に行ったので、高校の問題が通信制高校で解消されたんですよ。通信制高校には、いろんな立場の人が来ていたので、そこがフリースクールみたいな印象を受けました。映画監督の山田洋次が『学校』という作品を作りましたよね。あれはたしか、夜間中学が舞台になった映画だったと思いますが、あの雰囲気に近いところが通信制高校にはありました。年配の人もいるし、外国人もいるし、出産を控えていた人もいた。いろんな人が一緒に勉強していたし、しかも年間四〇〇〇〇円で済んでしまう。

大澤　栗田さんは、その後は大阪大学大学院の博士課程まで行って、じつはフリーターズフリーでは一番の高学歴なわけですけど（笑）、学校的なものが嫌なのに大学はなぜ行けたのか。

栗田　独立行政法人になって、最近は大学も変わってきましたよね。私は国立大学に行っていましたが、そこが独法になる直前に大学院をやめました。今の大学の雰囲気だったら、行けていたかどうかわからないと思います。最近、ある私立大学に講演に行ったら、大学もとても管理的な場所になってきているという印象があって。

大澤　「過剰サービス」プラス「管理」。

栗田　そうそう。私が、なぜ大学に行くことができるのかと考えると、聴講生の気分で行っていたからかもしれない。だけど、研究者というのは当然だけど大学の運営側に立つことになる。そうなるとどんどん管理する立場になっていくことに、いたたまれなさを感じていったというか……。最終的には居られなくなり、飛び出してしまった。

大澤　現在のアカデミズムはある種、フェミニストの砦《とりで》ですよね。

栗田　今や（笑）。

大澤　でも、それはたぶん栗田さんがフェミニズムに触れた時代からずっとそうで、女性が自ら女性の問題を社会的に考え、それを世に問おうとするとき、アカデミズムという場所を選んだと思うんです。もちろん、すべてがそうではないけど、少なくともアカデミックな方向に行き得た人は。でも、栗田さん自身は、もちろんものの見方のなかに女性学的なものが入っているけど、大学で研究していた対象は哲学であったり、最初は農学などですよね。

栗田　そうです。

大澤　フェミニズム研究に行っていたら、もしかすると、ひとかどのところで何か発言する人になっていて、僕らなんかには出会いもしなかったかもしれない。

生田　しかも、最終的に選ぶのは、ピア（peer 仲間）の言葉ではなくて、そのすべてからズレるようなことを摑んでいたりね（笑）。

杉田　栗田さんの中には、「女はこういうものだ」「娘はこういうものだ」という自然さを装った権力的、暴力的な関係を強制されることへの執拗な違和感がある。家族、学校、恋愛という、普通は学生時代に選択肢としてあるはずの三つの場所からずれてしまい、それらの関係の外部へと逃れていった時に、対等でピア的な空間としての修道院やフェミニズムへとたどり着く。先ほど言われたシスターフッド的な空間ですね。そこに全面的に没入してしまえば、ある種の安らぎや居場所を得られたのかもしれません。

でも栗田さんはなぜかそうはならない。権力関係と同時にピア的な関係からも自然にずれていく。事実、シスターにもフェミニスト学者にもならなかったわけです。それは栗田さんが今、フリーターズフリーの協同関係からも自立しつつあることにも言えます。しかしそれは、次から次へと相手を変えていく、という身軽さでもない。複数の場所や複数の観念が分かちがたく雑然と入り込んできて、どれが優位にあるか決定しないまま同時に抱えていく、というのが、栗田さんに固有の欲望なのかもしれないな、とも思いました。

偽の対立と代理戦争

杉田　栗田さんに固有の原理って何でしょうね。「フェミニズム」的な男性批判の原理でもない。また、男社会を厳しく批判する自分と、マニキュアを塗って男に媚びる自分、その分裂を抱えた「ありのままの女としての私」への自覚から始めようとした田中美津の「とり乱し」の原理でもない。それが栗田さんをシスターにも学者にもキャリアウーマンにも主婦にもさせない。しかしわがままにそれらを全否定しているわけでもない。それらすべての要素を呑み込んで消化しようとする、というか、むしろそのために消化不良を起こして、下痢としての言葉をあちらこちらに産み落としていくというか…。

栗田　シスターたちも、例えば中絶についての見解について細かく話すわけではなかった。聖書の話をするときに戒律の説明はほとんど受けず、祈りを通して現実に起きていることをまず、すべて受け止める。そういう感覚を教わったというのが原点でした。

とはいえ、例えば中絶の問題についてどう考えるかというのは、公式見解としてのカトリックとフェミニズムでは真逆なわけですよね。カトリックだったら、それこそマザーテレサみたいに「中絶は殺人です」と語り、子どもの命を強調するから堕胎は認めない。他方でフェミニズムは例えばベルフックス（アメリカの黒人フェミニスト）が「女性が、個人的に、自分は決して中絶しないことを選択することは出来る。だが、フェミニズムを支持するということは〈プロ・チョイス派〉（引用者注：母体の選択権を優先させる立場のこと）だということであり、中絶を必要とする女性がするかしないかを選べる権利を支持するということだ」（『フェミニズムはみんなのもの　情熱の政治学』堀田碧訳、新水社、二〇〇三年）と語るように中絶の権利を認める。

そこはほんとうに対立させていい問題なのかという問いでもあると思いますが、じゃあ私個人が、フェミニズム一本で行きますとか、カトリック一本で行きますと言ったとしても、問題が解決するわけじゃないと思ってしまった。何か一つに宗旨を統一しても、自分自身はすっきりするだろうが、対立そのものが消えるわけではなく、問題そのものが消えるわけでもない。「なぜ女性の身体を大事にしようとすると、子どもを犠牲にするような構図になってしまうのだろう」と考え続ける視点を持ち続けたかったんです。

大澤　さっき杉田さんが、初めて会った頃の栗田さんは、男性に対する嫌悪感が相当強かったと思うと言いましたよね。それに関して二つ記憶があります。

一つは、たとえば、男性が女性に暴力を振るうことは許されない、では、女性が男性に暴力を振るうことも許されないよね、という話をしたときに、栗田さんは「女性が暴力を振るわなくてすむ世界になればいいですね」と答えた。僕はそこは「ん？」と思った。自分が暴力を振るわれることに関しては徹底的に糾弾するけれども、自分が振るうことに関しては、振るわせている現実があるんだからという言い方は、なんか違うなと思ったんです。

もう一つは今の話とつながりますが、キリストの話で言えば、キリストと彼を十字架にかけたイスラエルのパリサイ派ははたして対立関係だったのか、という話を以前にしていたでしょう。パリサイ派がキリストを十字架にかけた背景には、イスラエルがローマ帝国の支配下におかれていたという現実があると。そこに栗田さんは、女性同士が対立する現実の背景に、結局は男性社会の支配があるんだ、というロジックを重ねていたと思います。

その意味では、キリスト教とフェミニズムが「対立」している、つまり、一方は「子どもを護らねばならない」、一方は「産む産まないは女が決める」というとき、栗田さんには、その両方を男性社会が強いているという認識があるんだと思う。でも、そういう話に持って行ったときに、従来のフェミニズムの問題圏を突破できないんじゃないか。

栗田　例えば組織のなかで面と向かった女性同士が争っているその背後には、女性にとっての上司である男性同士がぶつからないために、女性同士が争わされているといった現実はやっぱりあるんです。そこは上を見ていかないと、身近な相手だけでやり合っても消耗戦になる。私と母が争っている背後で蚊帳《かや》の外にいる父がいて、父がなぜ介入してこないのかということに、怒りを感じていたという現実もあります。そういう点で、男性が蚊帳の外にいて、女性に代理で争わせている構造は実際にあるので、そこははっきりさせないといけない。

しかし最初に話した話に戻るのですが、「責任」ということを改めて考えたとき、代理戦争だから「無責任」でいいとなってしまったらその瞬間に、何かがダメになってしまう、そこで自分が責任を持ちうる場にどう変えてゆけるかということを考えて初めて、社会というものが変わるのだということが最近わかってきました。男の代理戦争をさせられている際に、それでは女性がその代理戦争を避けるために、女性自身の責任の領域について改めて感じた上で、いかに社会に働きかけられるかが重要なのではないかと思います。

大澤　杉田さんが前に言っていたことかもしれませんが、代理戦争が共闘になったりするということがある気がする。一見対立しがちな女性が、ある局面で「これは代理戦争なんだ」と自覚したときに、その背後に男社会があるという話になる。でもそう自覚しつつも、それぞれの置かれた現実の差異があるから、その現実のなかでまた代理戦争が始まる。その悪循環がある気がするんです。いま栗田さんが言った現実はあるけれども、その現実に対して、一つの敵を作ることでとりあえずその対立を避けるという形では、きっとそれ自体が大きな現実のなかに巻き込まれてしまっているというか、回収されてしまうのかもしれない。

被害と加害

杉田　『フリーター論争2・0』の中に雨宮処凛・貴戸理恵・栗田隆子・大澤信亮というメンバーによるトークがあります。その時栗田さんは、これまでのフリーターズフリーは男性的な空間で、紅一点私がいたけど、今日は初めて女性同士で話せて嬉しい、というようなことを言ったでしょう。

しかし、その場で露呈したのはむしろ、女性同士の内部にも決定的なずれや違和がある、という当たり前の事実でした。僕がその時思ったのは、栗田さんが、男女や母娘の関係ではなく、女性同士の戦いや敵対性に本当に曝《さら》されたときに、その認識や感覚が本当の意味で重層化していくのではないか、ということでした。逆に言えば、女同士の戦いこそが試練の場になる、と。これは栗田さんが現在進行形で、女性運動の現場で経験しつつあることかもしれない。

しかしそもそも、女同士の闘いを男社会が代理戦争的に強いて来るという構造の問題があるとしても、女と女は敵になりうるし、味方こそが最大の敵になりうる。シスターフッドに内側から亀裂を入れて、敵対性の感覚を露呈させたところから、新しい関係が開かれていく。ウーマンリブの可能性の中心の一つは、そういう認識にあったとも言えると思うんです。もちろん、リブにも不十分なところはあります。田中美津にしても……。

栗田　中絶によって子どもを「殺させられた」、と。

杉田　私は中絶という子殺しの暴力を振るっている女だよ、それを認める、と言いながら、実は女たちは男社会によって受動的に殺させられちゃってるんだ、と。しかしこれは、結局は、全部男社会の責任だと言っているに等しい（念のために述べておくと、田中美津はウーマンリブという複雑で多様な運動の一側面を「象徴」するがその全体を「代表」しているわけではありません）。

僕の読みえた限り、田中美津の洞察が一番クリティカルになるのは、自分が幼女の時にふるった暴力の感触をも自らの言葉で摑んでいくときです。彼女には幼い時に男から強姦された経験がありますが、しかしその時にすら自分が男性に振るっていた暴力性のようなものがあった、と——わかりにくい形だけど——書く（「八歳の子供でも、男に対して己を明らかにしていく術はいくらかでもすでに心得ているのであって、あたしはさるぐつわを噛まされて、墓場に連れ込まれた訳では決してない」田中美津『いのちの女たちへ』。詳細は『フリーターズフリー』2号所収の、杉田「性暴力についてのノート」を参照）。子殺しのみならず、その自らの加害性の感覚（自分の中の他者）を摑んだ地点からもう一度議論すれば、さらに別の次元が広がったのかもしれない。僕自身の加害の記憶を考えれば、それは至難ですが…。

栗田　だから、田中美津自身もその後、杉田さんが言った「暴力感覚」を展開させていないでしょう？　そのあと鍼灸の本も含め、彼女が出した本を読んでいますが、性暴力を振るわれたということは書いてあるけど、そこで『いのちの女たちへ』に書かれているような「加害」性については全然触れてない。『いのちの女たちへ』の記述以外では見たことがありません。あの田中美津の記述は、田中美津自身の「他者」と言ってもいいくらい。

杉田　もちろん、加害と被害がモザイク化している、という暴力の重層性の認識は、一九八〇年代以降のフェミニズムでも、繰り返し述べられるわけです。中産階級の白人女性中心のフェミを叩いたブラック・フェミニズムはそのもっともラディカルな表現ですし、上野千鶴子は「複合差別」と述べ、精神科医の宮地尚子はトラウマを複合的環状島という理論的なモデルでとらえる。

でも、それを理論としては正確に認識しているにも関わらず、自ら生きることができない、という人が本当にいっぱいいいて、それはなぜだろう、とも思うんです。

たとえば最近僕が気になるのは、ピア空間を社会化するときの暴力性です。ピア空間はある程度閉じた共同性の水準で有効的に機能します。ぼろぼろになった当事者のエンパワメントのためにも不可欠。だから、それを公共的というか第三者的な空間に、そのまま押し広げることはできない。にもかかわらず、ピア的な感覚を第三者に押し付けることの暴力ですね。それは弱者同士の空間でもアカデミズムの空間でも等しく言える。一つの被害によって自分の他の無数の加害を免罪する暴力、他人の中には加害と被害の重層性があるにもかかわらずその人を純粋な「被害者」としてだけ同情的に見ようとする暴力なども ふくめ、これらのねじれはそれなりに厄介な問題としてある。正直に言えば、地位的に成功したフェミニズム学者と在野の貧乏で無名な女性活動家が、対立し軽蔑しあいながら二重構造を作っているようにも見えるんですね。しかしそれは罠なのではないか。

変える／変わるということ

杉田　栗田さんは、女性たちの運動のスタイルは二〇年も言っていることが変わっていない、と言いました。でも、僕らの活動も二〇年変わらない、という危険性もありませんか。というか、すでにフリーターズフリーがピア的な空間に崩れ落ちているのかもしれない。上野千鶴子さんとのイベントで、上野さんがフリーターズフリーはピア的と言い、僕はそれは違う（ピアの原則と協同の原則は違う）、と脊髄反射的に思ったけれども、本当に違うと言い切れるのか。

たとえば栗田さんは「構造を変える」ということにずっとこだわっていますね。でもそれは、労働経済学者の玄田有史さんが、フリーター問題は自己責任ではなくて社会の構造の問題なんだ、と明晰に述べた時の、そのシステム的な認識とはまた違うように思える。栗田さんは「構造」という言葉に独特の意味を充塡しようとしているのではないか。

単純に自分から社会へ目を向ける、ということではない。後者の自称「社会派」の盲点があるから。「構造を変える」とは、社会と自分を同時に変えないとダメになる、さもないと同じことが延々と強迫反復される——そうした批評的な貫通力を含んでいる。そのためにも、田中美津がかつて摑んだ内なる暴力性のようなものを、自分なりに摑んでいくことは依然、大事だと思います。

ただし、いくら自分で反省したり自分の経験を内省しても、自らの暴力性の核にはたぶん届かない。そこに、ある種の協同性や他者性のような経験の光が差し込んでいなければ。

栗田　反省・内省して書くというただそれだけでは、自分の振る舞いを変えるといった「実践」には至らず終わってしまう。それはフェミニズムの領域でもしばしば起きていると思います。ただ、人が変わるというときは、倫理的、道徳的に「これじゃあダメだ」と、自らを責めて変わるというものでは決してないと思います。

他者との関わりのなかで変えさせられていく、変わっていくということがありますが、そういったとき、私がわりとユーモアや冗談というものを強調する理由は、他者が差し込むというときに、ある種の笑いやユーモア、そういうものが同時に差し込むのでなければ、うまくいかないと思うんです。フェミニズムやリブのなかに、もうちょっとユーモアがあってもいいよね、とは思います。「男が敵」というだけでつながるというのには、あまりユーモアの感じがない。

たぶん、そういうことを知ったのは、キリスト教の祈りという体験が原点です。祈りは神との対話で、ずっと対話をしているときに、自嘲じゃないですが、笑えてきちゃう。でも、ただ書いているだけだとそれこそ社会構造の中に埋没していく。

大澤　そのユーモアが生じる契機というのは、自分の暴力性を自分自身で笑える、しかもアイロニーで自虐的に笑うのではなく、他者の力を借りながら笑うということだと思うんです。栗田さんにとっての変わるというイメージは、ある意味ですごく自分に近いものを感じる。自分の暴力を問わずに社会を変えることができるとは思えない。それは倫理的に自己を問えということではなくて、自分自身を笑える契機を奪うということです。

　ウーマンリブやフェミニズムは、「今の社会は男支配社会である、その社会を変えねばならない」という形で、過去いろいろとやってきた。その成果もあって、卑近なレベルで、変化があるわけですね。家事や子育てを二人でやるとか――機能していないと思うけど――男女共同参画センターなどができた。そういう意味では社会は変わった。それは上野さんも認めていましたよね。「あなたたちは一緒に話せていいわね、私たちにはそんな空間はなかった、むしろピア空間から意識的に男を排除した」と。そういうことも言っていた。

　栗田さんが「変わる」というとき、たぶん、そういう卑近なレベルで社会を変えることも当然含むけれど、そこのもっと先を見たいわけですよね。ただ、おそらく従来の議論の枠組みでは、きっとそういう問題は問えないだろうなというのは日々痛感します。というのも、僕はいま女子大で教えていますが、道を歩いていると、「こんな時代だから医者の合コンに行ったんだよね」

みたいな話をしている。玉の輿にうまく乗って、後は働かないで楽に生きたいとか、そういう話がゴロゴロしているわけです。もちろん、すべての学生がそうだとはまったく言わないけれど、彼女たちにどう向き合うのかはなかなか難しいと思うんです。

栗田　仕事でも学校でも、すごく煮詰まり感があるんだと思うんですね。まだ恋愛のほうが、夢が見やすい面が多少残っているのかなと。

大澤　ようするに、これまでのフェミニズムが基本的に「私は勝手に生きていきます。邪魔しないでね」というのが一方にあって、同時に「男社会はこう変わりなさい」という方向で展開してきたとしたら、それはもう行き詰まっているのではないか。

栗田　かつてのフェミニズムやウーマンリブは、割と近い年齢同士で集まっていたのではないかと思います。でも一定の年月を経た今となれば、いろんな歳の人がいるわけです。女性と貧困ネットワークの集会でも二〇代から七〇代ぐらいまでの女がいるような群れがある。そこが本気で語り合えたら、ずいぶん違うと思うわけです。ただ、今まで本気でそれをして来たかどうかというのは、すごく問われる。ピアであってもピアでないものを認識しながら進んでいけたかということは、ものすごい課題だと思うんです。

大澤　僕は、ピアって、わかるようでわからない。世代的にはいろいろな層がいるかもしれないけど、ある種の同質原理というか、たとえば男であるとか共通の敵なり何なりにダメージを受けたというところで話が最終的にまとまる。まとまりつつ、また揉めつつ、ということをやっていたとして、でも栗田さん、それじゃいけないと思うでしょう?

栗田 男性を共通の敵と思うことで現実が変わるのだったらいいけど、変わっていない…。

大澤 フェミニズムなどの蓄積によって女性に対するいろんな社会的条件は変わってきたとはいえ、女性の賃金はなんでこんなに低いんだとか、非正規雇用が多いとか、結局何も変わっていない面もある。むしろ状態が悪化しているわけですよね。それを変えるための議論をしようとしているのに、「男は敵」というステロタイプに落とし込まれて、叩かれる(笑)。もちろん耳あたりのいい議論をするつもりはないから、反撥されるのも覚悟の上ですが、僕が何を考えようとしているのかを理解しようともしない感情的な反撥ばかりで、正直うんざりです。

生田 前も話したことですが、これまでフェミニズムは家族の問題や「個人的なものは政治的なものである」と言われるミクロな権力概念に関していろんな研究をやってきました。けれど、女性の労働問題はそれと比べてあまり取り組まれていなかった。例えば女性の賃金はなぜこんなに低いんだということがあまり問題になっていなかったということがありますよね。

栗田 学会でもそういう話が出ました。「日本女性学会」という三〇年の歴史がある学会があるんですが、過去に学会のシンポジウムのテーマで「労働」という文字が入っていたのは、すごく少なかったそうなんですね。それはいったい何なのかという話から、今年の日本女性学会のシンポジウムは始まりました。

杉田　たとえば森崎和江（一九二七年生。詩人・作家）の一九六〇年代後半の文章を読むと、リブという運動が励起する手前の時代にあったであろう、何かどろどろとしたうねりのポテンシャルを感じる。森崎の中には、私的所有と性（エロス）と言葉を同時に変えねばならない、という三重の問いがあります。逆に言えば自らの言葉を変えなければ私的所有の感覚も性の感覚も変えることができない、と。

具体的には、女同士が自分たちの痛みや愛を語り合う言葉を持たない、そしてそのことを目の前の愛する男にすら伝える言葉を持たない、ということです。森崎和江の男性たちとの関係はかなり奇妙に見える。自分の夫や谷川雁（一九二三―一九九五。詩人、評論家）との関係が、リブやフェミを通過した後の認識なら、とっくに批判し総括して突き放しているだろう相手に対しても、執拗に何かを共有しようとし続けるんですね。だらしない男たちを批判はするけれども見棄てはしない。ぎりぎりまで何かを分有しようとする。一九八〇年代以降の「男女平等」や「共同参画」とは違う感触がある。

栗田さんも、現実的な何かが名指される手前の、ある種の感触を直感的に摑む力がすごいと思う。「女性フリーター」が典型的ですが、目の前にありながらなかったことにされているものを言葉の力であらしめていく。でもそれは、名辞や言葉にされたとたん、すぐに失われ、損なわれてしまう。キャリアウーマンにも専業・パート主婦にもなれない女性たちの姿を「女性フリーター問題」と名指せば、問いとしては認識できるんだけど、それは名指される以前の彼女たちの現実とはすでに微妙にずれている。「女性フリーター」の存在を名指すことで有らしめると同時に、名指しによって失われるものの感触をも同時に捉えようとする、そのようなものとしての「書くこと」、というかな。

しかも、その言葉の発明自体が、歴史的・社会的関係の中での、既存の言葉の流通への「違和」としてあるわけです。キリスト教研究者の田川建三が示したイエスの言葉が、歴史的な抑圧の中での「反抗」を告げる具体的な言葉だった、ということを僕は自然に思い出した。同時に、森崎和江が六〇年代から所有と性と言葉を同時に変えようと暗中模索を続けていたことを思い出したんです。

栗田　森崎和江は、炭鉱についての文章と『第三の性』（三一新書、一九七一年）ぐらいしか読んだことがなくて…。

杉田　特に六〇年代の文章は何を書いているのかさっぱりわからないんだけど（笑）、何かと格闘している感じは伝わってくる。正直、栗田さんの原稿は誤字脱字が多くて、最後に言葉に頼るからこそ、その言葉から見放されている、という感じがする。その見放されたところから「書く」ことが大事なんじゃないか。それは現実をアングルで切り取ったり、流行語をうまく見つけたりすることとは、決定的に違う試みに見えるんですね。

栗田　言葉にできないという感覚はものすごくありますよ。逆に言えば、だからこそ言葉にしていかないといけない。私の中で言葉にできない経験や感覚が、やっぱり原初なんですね。不定形な不気味な感覚。「なんじゃこれは」みたいな。

杉田　社会問題や労働の問題を考え尽くすためにも、本当は言葉の更新こそが必要なんだと思う。さまざまな運動や実証的データの蓄積はもちろん大事なんだけれども。

生田　そこは、栗田さんが前から言っている労働の概念を変える、家族の概念を変えるということと、つながるでしょう？

栗田　そう、概念を変えたい。

再分配について

大澤　女性労働の賃金の低さの問題が出ましたが、近年、貧困問題がブームになって、「女性と貧困ネットワーク」もできて、そこが今、焦点になっているわけですよね。

栗田　はい。

生田　だけども、先ほど弱いもの同士が代理戦争をしているという話がありましたが、これは貧困問題でも特徴的です。フリーター層は「正社員は恵まれている」、正社員は正社員で「フリーターは何を言ってるんだ、あいつらの場合は自由があるが、俺たちはたいへんなんだ」とか、そういった不毛な議論があったじゃないですか。我々から見ると、これは代理戦争以外の何ものでもなくって、明らかに敵が違う。

ただ、共通の敵を見いだして共闘したとしても、そこでありうるしょうもない可能性の一つとして、「じゃあ再分配しましょう」「金持ちがお金をもうちょっと貧乏人に分ければ、それでいいじゃないか」という話になってしまう可能性はかなりあると思います。つまり構造は何も変えないままで、フローなりストックなりをみんなで分配すれば万々歳じゃないかと。

女性の場合も、そういうことがあると思うんです。正規雇用を女性にも増やします、賃金も増やしましょうと。それは当然のことですが、それだけでいいかと言われたらとてもそうは思えない。構造的な問題があるはずだからです。労働や家族のオルタナティブを自分たちで作って、多少なりとも実践していかないと物事は突破できないのではないか。「再分配」で終わらせてはいけないというヴィジョンが必要だと思うんです。

杉田　女性の賃金がなぜ低いのかは、女性的な労働者が資本制の中にどう取りこまれているか、という問題だと思うんですね。だからそれは社会の構造自体をどう変えるかという話と切り離せない。生田さんが言うように再分配で保障すればよいという話「だけ」にはならない。もちろんそれによって保障される人もいますが、女性のなかでも正社員、派遣労働者、アルバイト、シングルマザー…という違いがあるので、対立はどんどん増えていく。その全体的な構造自体を問う議論が必要だと思う。

言葉を流通させる

栗田　話が変わりますが、私にとって言葉を紡ぎ出すなかで、フリーターズフリーの存在が大きかったのは、本の流通・経済から考えたということです。

大学院生のときに、小さな同人誌を作ろうとしたんですが、大学のメンバーに協力してもらえるかどうかという話をしたときに、「なんで栗田さんは、大学の紀要のほうに書こうとしないんですか？」とある職員に聞かれました。大学の予算で発行できる紀要だと流通・経済を問うことができないと思ったし、大学の枠内での紀要に書くよりも、同人誌を売って、大学の枠を越えたほうがいいと考えたんですね。当時私の在籍していた研究室が「臨床哲学」と称して現場に出るというのなら、そういう自主的な試みがあってもいいじゃないかと言ったら受け入れてもらえず、大げんかしたことがあります（笑）。言葉が発せられる経済的基盤も同時に問わないと意味がない。

生田　『フリーターズフリー』の場合は手作り感はぬぐえないとはいえ、オルタナティブな流通も考えて、多少なりとも実践しようとしてきました。

栗田　そう。だから大学の紀要とは違う。本を流通させようとしたときに、ほんとうに他人との協力が必要になってくる。しかも目に見えない他人の力を借りて協力する必要をヒシヒシと感じる。そこでは、ピアではありえない。

本だけではなくて労働とはそういうもので、資本主義のすごいところは、お金という力で知らない人同士をつながらせていくことなんだと思う。会社なんて、気も合わないのに何時間も同じ場所に居続けさせることそのものがすごいなと。

どんな労働にお金が支払われているか、あるいは支払われていないのかといったことを問わないまま、労働の概念を変えずに再分配するだけでは、どうしようもないと思います。

大澤　僕は、流通を考えるときに、どうしても「売る・売らない」という話を考えます。卑近な事実ですが、自分の書いた文章が「いい」と言われると嬉しいわけですよ。売れたらもっと嬉しい。その単純な感動であり、逆に言えば危険性ですよね。売れることへ過剰に突入していくような。それで思うのは、女性が「売る性」であるとか、すべての女性は売春婦だみたいな議論がフェミのなかにずっとあった。でも、僕の印象では、「だからダメだ」というものしかない。

つまり「産む産まないは女が決める」という自己決定の感覚ですね。「売る売らないは女が決める」みたいな。あるいは「買う」立場にいかに立つかとか。でも、自分が売れる・買われることの受動性を、もっと見つめ尽くす必要があると思う。売れる・売れないというのは、他者によって自分が攪乱されるという、ある種の暴力の経験ですよね。

栗田　品定めされること。

大澤　そう。でも、資本制社会において、労働力を売らなければいけないというのは、プロレタリアート全員の持っているオブセッション（強迫観念）ですね。正規雇用に就くことで、男性はその初期段階しか見ないわけです。新卒のときの就職活動の一瞬だけはやるかもしれないけど、本当の意味での根源性には触れない。すでに買われた自分を維持することと、買われないかもしれない自分を売り続けることは、やっぱり違うわけですね。

そういう意味で売春婦ならぬ「売文婦」というか、売ることの問題を流通と絡めながら考えて、それを社会運動として、しかも生活条件として考えていくという栗田さんの視点は、リブとフェミニズムの先にある活動としてすごく一貫しているし、「男は敵だ」の議論に巻き込まれないところで、共通の議論の軸が作れるような気がします。

母と娘

杉田　栗田さんの『フリーターズフリー』1号の原稿の中で、僕は有吉佐和子と笙野頼子についてのエッセイが好きです。栗田さんはそこで「女性（独身）フリーターを考える際のミッシング・アクターは「母」である」と書いている。どちらが被害者か加害者かわからない形で、母と娘の暴力が相互に絡み合う。そこでは娘こそが「母の母」を強いられていく。そして母殺しによってはむしろ母は増殖し発達してしまう。この原稿は尻切れトンボで終わっています。論点を十分に展開し切れていない。しかし、最も身近なはずの女性同士の異和について栗田さんは考えているわけですね。母なるものとのたたかいと言うか、胎内ですでに母と娘のたたかいは始まっていたのかもしれない、という水準があるのでしょうか。

栗田　そうですね。暴力の原体験というのは、自らの行為が愛情なのか暴力なのかの境が曖昧なところがあるのです。例えば、家族の愚痴を私に言うということは、私を信頼してくれているのかと感じて、いわば母の母になろうとしていたわけです。その母の母になりたいという欲望の果てに、フェミニズムに出会ってしまった部分もあるんです。

それは奇しくも、母の母になることは止めなさいという言葉でもあった。母の母になろうとすることで現状を支えて、最後に破綻してしまい、私が暴力を振るい返してめちゃくちゃになってしまう。しかもその現場に、父親はコミットしない。そのアンバランスにおいて、母の母になりたいという欲望を突き詰めることで却ってその欲望が解体され、見えてくるものがあった。母が被害者でもあり加害者でもあったという現実を、どう認識していくのかが私の大きな課題であったんです。

大澤　お母さんもつらいんだよね、母の母になりたいんだといった時、そのつらさを強いているのは男社会であるというのが第一段階のフェミニズムであるとして、しかし栗田さんの母との対立において問題であったのは、そこに回収できない何かだったんじゃないか。それがもしかすると、自分の暴力性、あるいはそこから能動性やユーモアが生まれるような、今までのウーマンリブやフェミニズムとはまったく違う展開を開くものではないか。

杉田　『ロスジェネ別冊２００９』の座談会で、栗田さんは、増山麗奈さんに対してこんな違和を投げかけています。増山さんは母になることで活動的なエネルギーを得たものの、そのとき増山さん自身が娘の時代に摂食障害や自殺未遂で苦しんでいた、それらの問題はどこに消えてしまうのか、と。栗田さんの中には「内なる子どもを殺すな」というある種の命令があると思う。一方で例えば、同じ座談会で、いちむらみさこさんは、「子どもを産むこと」と「母になること」を切り離す。子どもは産むけど母にはならない、そういう生き方もあるだろう、と。大澤さんも、子どもを持つことと父になることは違うと言う。

しかし、栗田さんはそうも言わないのではないか。栗田さんはそこで「たとえ私が母を経験していなくても、母を想像せざるをえないという立場に立たされるということはあるはず」と述べている。具体的に言うと、母子密着的な空間、娘が「母の母」になるような空間を断ち切ったうえでの、栗田さんにとっての母とは何か。それがありえるとしたら、どういうものなのか。それは子育ての社会化の射程とも関わる。それは「娘」的な犠牲者のフェミニズムを脱すること、自分が未知の誰かを産み・育てる立場の責任を強いられていくことではないか。これは実際に産む産まないに関わらず言えることだと思う。

栗田　仕事を辞めたらどんな可能性もありにもなってますが（笑）、自分自身が母になることはあるのかということはずっと考えています。いまもアテがあるわけでないですが、別になってもいいやと。ただ、私が母になるとしたら、ひとりで母にはなれないので、その子どもにとっての父が必要ですよね。既存の母子密着には、母ひとりで子どもを作ったような、単為生殖のようなところがあります。そうではないんだということを伝えられる母になりたい、というのはありますね。

大澤 それは「産まさせられた」というのとは違うわけですよね？

栗田 もちろん。自分ひとりで産んだわけじゃないということ、母という概念を変えていくとしたら、そこが大事で、自分が産んでいるということが崩れるということではないでしょうか。「私が」という主語が変わってくるというか…。

杉田 その場合の主語は何になるんでしょう？

栗田 うーん、何だろう…。子どもを産むのも共同作業ですよね。子ども自身も、がんばって産まれてこようとするのだろうし、母体も命がけです。まさに自分が産むのだけど、それでもひとりで産んでいるのではないんじゃないかと。

こういった出産の話になった時、産んだことがない人間は語るなという言説もあると思うんです。でも、それを言ったらおしまいですよね。そうしたら、男の人は永遠に出産の議論には入れないし、不妊の人はどうするのとか、いろいろ問題がある。いちむらみさこさんが生物的には母になるけども、「母」にはなりたくないと言ったことは、産むということがともすれば所有の概念につながるからかと思います。産むということで、その子どもを自分の王冠のように思ってしまうことが、母子密着につながるし、子どもを「他者」として認識するのではなく、自分の分身のように思ってしまう。

…まあこれは印象的な話に過ぎないんだけど。杉田さんが言うのは、自分で出産することであって里子とかとは違うんですよね。

杉田 いや、そこは両方の可能性を手放さないことが大切ではないか。子育てを社会化すると言った時、かつての社会主義のように子どもは社会全体の所有物であり、全体で面倒をみるものだから、特定の親はいない、という考え方があります。また契約的家族観の考え方を徹底すると、子どもはいちどすべて赤ちゃんポスト的な場に送られ、子どもを必要とする親が自由に選びにいって家族契約を結べばいい、ということになる。リブの延長としての、共同保育の実践もありますね。

しかしそうすると、出産において女性が生命のリスクや身体の負担をになって子どもを産んでいる、という事実の側面が抜け落ちていくでしょう（完璧な人工子宮が開発されない限り）。

子育ての社会化の話はとても厄介ですが、誰にとっても無関係なものではない。けど、十分に理論的に考えつめられていない。少なくとも、産んだ親が子どもを所有していい、とは単純には言えない。上野千鶴子が言うように、資本制的な私的所有のリミットは子の所有なのかもしれないから。

大澤 僕にとって自分が親になるとは――こう考えてしまうのが問題なのかもしれませんが――自分の子どもがどんな状態で産まれても絶対に肯定するということです。自分が望むような子ではなかったり、たとえ人を何人殺そうが肯定する。

栗田　その感覚もすごいね。

大澤　親ってそうだと思いますよ。でも、それを社会化するとはどういうことか。それが自分の中で解決つかないから、いまはまだ自分が親になることは考えられない。

杉田　それはどうだろう。大澤さんの言うような感覚がありつつ、子の生存を無条件に肯定したつもりになっている親の想像や覚悟を斜めに裏切っていく、というか…。その裏切り、突き放しにおいて子どもの誕生や到来があるんじゃないかな。完璧にありふれたこととして。森崎和江が、産むことは「「産み・生まれること」としか言いようのない、重層したできごと」なんだと述べているのだけれども。そしてその重層性を語る言葉が手元にないんだ、と。

大澤　そうそう。だからたぶん本当に子どものことを考えているわけじゃないんですよ。ある種の所有感覚の究極みたいなもので。親の側の話。でも、栗田さんにとっては母子関係が所有ではないものとしてあって、子どもを持つことが親の能動性を高めるとしても、子どもを持つことはまさに自分自身をも他者にしていく経験としてあるのかなと思った。

栗田　うーん、まさに、私の家族が最終的に深刻な暴力に至らなかったのは、母親自身が私について「自分が産んだ子とは思えない」というくらいの認識にいたったからではないか（笑）。仲が悪いわけでは決してないけど、親子でもぜんぜん違うということが、言葉レベルではなくもっと深いところで分かった時に、暴力は収まっていったという経緯があるんです。シビアな親子関係を抜け出た時、所有ではない別の感覚を持ちえたんじゃないか。むしろ肯定しきれないというところから親子関係を考えていきたいなと。

私は男を避けてきたという話は前にしましたが、自分に男の子ができたらどうしようと思っていた頃がありました。子どもを肯定できないんじゃないか、嫌になるんじゃないかと。でも最近はそれもどうでもいいやと（笑）。肯定しなければいけないと思うこと自体が違うのではないかという感覚もあって、出産・子育てというのは「私が」という主語で考えるのとは違う共同作業的な側面があると思います。

生田　大澤さんが、どんな子どもであっても肯定するというのは、中上健次の小説的な「何をやってもかまわん」ということではないですよね？

大澤　はい。何をやってもかまわないということではなく、そういう存在が産まれたということに自分は向き合って、何としてもバックアップしなければいけないと。そんなこと思う必要ないのかな（笑）。でも、そういう気持ちがないと、子育ってできないんじゃないですかね。

生田　そうかもしれないけど、そういう考えには閉塞感を感じる。何がなんでも肯定するという母親は日本に多いと思うんですよ。

大澤　まあ、口では肯定すると言っている人が、現実には肯定してなかったりするので、そこは微妙ですよね。僕は嫌いな人間は徹底して嫌いなので、というか関心が持てないので、肯定できなければ虐待すると思うんです。直接的な暴力よりもたぶん、本当は関心がないのに、無理に楽しそうにしたり、怒ってみたり、悲しんでみたり、相手のことを考えているふりをしてみたり。そういう暴力。自分の子だからとはたぶん思えない。それが自分で怖い。

資本制を超える

杉田　『フリーターズフリー』ではしばしばオルタナティブ流通の話が出てきます。それは今後僕らが（おそらく4号で）現実的に実践すべき課題です。しかし、「小流通を連合させてオルタナティブをつくる」という図式では全然弱いでしょう。書籍流通に関しては現在、CDやDVDとの連携や電子書籍の登場、レンタル（貸本）、フリー（無償）の見直し、低正味買い切りをふくめ、さまざまな根本的な変化が生じています。それについてはきちんと現実を知ること、しかもフリーライター、編集、書店、印刷所、取次などの各関係者たちと共同で考えていくことが大切になってくると思う。資本主義に対する認識も同じで、マルクスが産業資本主義に対して行なった構造分析だけでは足りないわけです。例えばフェミニズム経済学をふくめ、再生産労働や介護労働についての膨大な研究蓄積や理論化がある。そういうことも無視できない。

栗田　私は職場を辞めるにあたって、『フリーターズフリー』がどこまで売れるのか、もうちょっと努力してみたいとも思ったわけです。『フリーターズフリー』を含め、自分の言葉を売りたいって気持ちはとてもある。このまま非常勤だったら、あと数年は食べていけたかもしれない。

しかしその退路を断ったということは、「売る」ことを本気でやるためだった。しかも同時に、「売る」という概念を変えたいっていう気持ちもあるんです。

売るというのは、二つやり方があるのかなと。要するに、ピア的なものを増やして売る人数を増やしていくやり方と、そうではない、いろんな人を巻き込んでいくようなやり方。

大澤　その二つは、本当は分かれていないはずだ、というのが僕の感覚です。たとえば、ある種の人々の所有感覚を満たすために売られていく商品がある。一方で、もしかしたら、そうではない感覚を上昇させる商品があるのかもしれない。でも、そこはすごくねじれていて、すでに流通している言葉や商品のなかにも、私的所有感覚を突き破るものがあるはずだし、逆に本来そういうものを突き破るものとして生み出されていても……。

栗田　回収されてしまう。

大澤　そう。回収されていく。だからすごく難しい。村上春樹の話をここで出すのもどうかと思いますが、なぜあれほど売れるのかと思うんですよね。村上春樹って、メッセージ的には自分の暴力性や、資本制下の私的所有感覚の空しさなど、そういうことに一貫してかなりこだわっているように思います。そういう人の本が、あれだけのブレイクをするというのは――もちろん資本制の商品交換において商品が流通する構造と小説の言葉が伝わっていく構造の違いはあるでしょうが――たしかに何か重要な部分に触れているんだろうなという気がします。

多くの人が言うように、物語商品としてうまくパッケージされたから売れる、という話ではない。やっぱり、言葉の端々に窺える彼の現実感覚とか、一五年も前に起きた事件（オウム真理教関連事件）を延々と考え続ける誠実さとか、一つの作品にすべてを投入しようとする姿勢とか、それが村上春樹なんだと思う。それを戦略だと言うなら、一年でも二年でもいいから、自分自身が社会に忘れられる覚悟で沈黙し、今の自分の限界はこれだという作品を書いてみるといい。それがどれだけ大変なことか。とはいえ、そのように暴力の問題や所有の問題を考えている村上春樹の作品それ自体が、資本制のなかに浸透していきながら、それすらも現状の社会のなかでは結局、私的所有感覚のなかに回収されていくとしたら、そこを変えるとはどういうことなのか。

栗田　アカデミズムのなかでも、そこを突破しようとしたものが吸収される、でも逆に、アカデミズムの流れに吸収されるように見えるなかで、そこにはまらない人も生まれてくる。それこそ、音楽のロックだってかつては反体制などと言っていたのが、今ではしっかりマーケティングに収まっているとか、そういうことっていっぱいある。エリック・ホッファー（一九〇二―一九八三。アメリカの哲学者）だったと思いますが、「ビジネスにかかわるものはすべて腐敗する（中略）。資本主義は非資本主義的環境において、解放的な本領を最大限に発揮する」と書いています。全体主義的な権威とされるものすら崩してしまう、と。消費主義的なものが不思議な形で世界を変えてしまうこともありうると思います。

そういったなかで、『フリーターズフリー』を売っていって、しかもそれで食べていくとしたら、どういう生き方ができて、そのために労働概念をどう変えていく必要があるのかと探ってゆきたい。私自身は本も好きですが、やっぱり決定的に自分が変わっていったのは、人との出会いで変わっていったんです。人との出会いのなかで本が生まれていくということを、見える形で伝えていきたい。

大学院の時に同人誌を出す・出さないでぶつかったという経験が大きくて、そのことで大学院をやめる前に、どこか大学から降りてしまった感じがあります。釜ヶ崎に行ったのは、その後です。そこで生田さんと知り合って、フリーターズフリーにつながった。だから、言葉を生み出すということでは、わりと連動して、私にとってのフリーターズフリーの挑戦はそこから始まっているんです。

生田　『フリーターズフリー』がもっと売れて、それで収入の三分の一ぐらいを確保できるようになればいいですけどね。前から言っていますが、ある程度賃労働して、ある程度共同作業のところにも入って、それで足りなければ行政が補填するぐらいのイメージというのが一番いいと思っています。『フリーターズフリー』の現状ではマーケットのオルタナティブを作っているかといえば、とてもそんな大それたことはできていない。

大澤　ただ、最近はもう、「現実にどうである」という話はあまりしなくていいという気がしているんです。むしろいま、ここでしゃべっている言葉が、はたして資本制を超えていくようなものとして語られているかが大事ではないかと思っています。

杉田　最後にもう一度、書くことで生きるという「売文婦」の道を選んだ栗田さんに、今後の展望について聞きたいと思います。

栗田　そうですね。私にとって、書くことだけが社会とつながる唯一のツールというわけではないんですが、書くことは他者と出会うということなんです。書くという行為自体はひとりで行なうことであっても、まったく孤独な作業ではないと思っています。表面的には孤独なことであっても、その作業においては、いままで出会ってきた人や出来事、本などが介在するんです。

「祈る」という行為がひとりで行なうことに見えても、実はそこには多くの他者がかかわることであったり、子どもを産むということでも同じことですね。ひとりで行なっているような行為の中に、実は多くの人がかかわっているということを、書くという行為においても感じます。それを伝えたい。

私は、たとえば「女性と貧困ネットワーク」のように、自分の名義で発表するのではない文章を書くのも好きなんです。大げさにいえば、例えば聖書は誰が書いたのか分からないけれど、いまも残って流通していますよね。シモーヌ・ヴェイユ（一九〇九―一九四三。フランスの哲学者）も晩年は民話や童話のなかの匿名の知について触れている。聖書やヴェイユから考えるというのは大げさかもしれませんが、単純に有名になることで文章が流通するのではない、また匿名ゆえに無責任になれるということとも違う「知」の流通が必要なのではないかとも思うんです。

おわりに

この本は、雑誌『フリーターズフリー』創刊後に行なわれたトークイベントなどを集めた対談集『フリーター論争2・0』（有限責任事業組合フリーターズフリー編・二〇〇八年五月発行）以後にフリーターズフリーとして行なった対談を集めたものです。

二〇〇八年から二〇一〇年は、フリーター問題、そして貧困問題に日本全体で大きな変化が起きました。

フリーター労組の活動が活発化し、グッドウィル、フルキャストといった「日雇い派遣業者」の様々な労働法違反行為が明るみになり、ついにグッドウィルは廃業、フルキャストもこの業界から撤退を始めます。また、反貧困運動が全国的な盛り上がりを見せ、二〇〇八年には「反貧困全国キャラバン」が取り組まれます。

そして、二〇〇八年秋に世界金融不況が起こると、派遣労働者をいきなり解雇する一五万件近い「派遣切り」の嵐が吹き荒れ、多くの人々が仕事と住む場所を失いました。その問題に対し、日比谷公園で「年越し派遣村」の活動が取り組まれ、日本の不安定雇用問題と貧困問題を象徴するものとして大きな注目を浴びました。多数のボランティアや義援金が集まったことも、その反響の大きさを示していました。この時期以降、厚生労働省の生活保護に関する姿勢は転換し、派遣村に集まり生活再建のめどがたたなかった二五〇名を超える人々が生活保護の申請をし、数日のうちにアパートでの生活保護開始の決定を得ました。その後、全国でもそれまで当たり前のように行われていた「水際作戦」が減少し、法律通りに生活保護が適用され始めます。

二〇〇九年には、衆議院選挙で自民党政権が歴史的大敗北を喫し、史上初めてと言われる本格的な政権交代が実現し、鳩山民主党政権が誕生します。以前から貧困問題に注目していた鳩山政権は（当時の鳩山民主党幹事長は何度か釜ヶ崎や大阪府庁前の釜ヶ崎反失業連絡会による「野営闘争」の応援に来ています）、反貧困ネットワーク事務局長の湯浅誠氏を内閣府参与に任命し、二〇〇九～二〇一〇年の年末年始には行政による「官製年越し派遣村」を開きます。そして、ハローワークで生活保護などの相談を受けることができるワンストップサービスなどの施策を開始しました。

このように、この数年の間に民間の反貧困運動、そして行政の貧困問題への取り組みが急速に進んだことは間違いありません。しかし、世界的な不況が続く中、失業などで貧困に陥る人々は激増し、若年化しています。二〇代、三〇代の生活保護受給者も今まで考えられなかったほどの規模で急増しました。二〇一〇年二月現在、野宿者のための施設「自立支援センター」の新規入所者の三割が二〇代、三〇代で、野宿者が販売する雑誌「ビッグイシュー」の販売希望者も三割が二〇代、三〇代となっています。「釜ヶ崎などの日雇労働者がリハーサルし、フリーターが本番をしている」ということが、野宿についても事実となってきました。

非正規労働者の比率は下がる気配がなく、正社員と非正規労働の二極分化は変化していません。高卒、大卒の内定率はきわめて厳しく、高校の進路担当の先生たちから「内定率も問題だが、不本意な職場に就職せざるを得ない生徒が多く、先々の離職が心配だ」という声を聞きます。そして、女性や障害者がまっさきに首を切られ、再就職も非常に厳しいという状況が続いています。

いま貧困問題への様々な対策が採られつつあっても、それはある意味では「蛇口が全開で開いて水が落ちているのを、一生懸命、手で受け止めている」状態と言えるかもしれません。蛇口が開いている状態、つまり貧困問題の構造的要因を変革しなければ、応急処置だけを延々と続けていくことになりかねないのです。フリーターズフリーは、いわゆる「弱者への再配分」に終わるのではなく、資本、国家、家族という社会の三極構造そのものをトータルに変革していく必要性を主張してきました。その中で、単に「生きられる」のではなく「活きられる」社会のあり方を構想し作り出そうとしてきましたが、その問題を今あらためて感じています。

ここに収められた五つの対話で、わたしたちは女性労働と家族、セックスワーク、性暴力、フェミニズムなど、社会のメインストリームから「ないものにされ続けた」問題を中心に語り続けました。わたしたちはここで、フリーター問題の根底にある構造的問題に分け入り、新たな思考の文脈を作り出そうとしてきました。ここで語られたテーマのいくつかは、今後のわたしたちが求める社会を作り出そうとするとき、核となる問題を含んでいるという確信を持っています。

そしてその確信は、この対談で話し合った人たち、対談のあとの打ち上げで話し込んだ多くの人たち、各地のイベントに「フリーターズフリー」として参加した中で出会い話し合った人たちと共有しているものであると感じています。

とはいえ、現実の「フリーターズフリー」の活動は必ずしも順調とは言えません。対談の中でも触れられているように、有限責任事業組合として、赤字は出していないにしても人件費が出せるような収支には全然至らず、われわれは事実上の「タダ働き」を続けています（編集、販売などの作業はもちろん、組合員については原稿料もゼロです）。また、「フリーターズフリー」2号に続く3号も、二〇〇九年発行を目指しましたが、いまだ完成していません。

組合員であるわたしたちにはこの数年の間、結婚、こどもの誕生、単著、共著の刊行、離職、就職、病気など様々な浮き沈みがありました。その間、わたしたちはお互いを励まし、あるいは厳しく批判しながらフリーターズフリーの事業を進めようとしてきました。けれども、先の見えない生活をそれぞれが必死に生きていく中、常に「フリーターズフリー」に全力を傾けるには難しい状況にありました。

しかし、今あらためて感じるのは、このフリーターズフリーの活動が、わたしたち自身にとって大きな活動の柱であり、希望の一つであり続けたということです。フリーターズフリーの活動をきっかけに、わたしたちは様々な現場で活動する人々とつながり、新たな活動の場を開いていくことになりました。そして、フリーターズフリーが持ったこのつながりは、今起こりつつある運動のうねりとある時は重なり、ある時は微妙にすれ違うものでもありました。わたしたちはそのいずれをも、この社会で生きる手応えとして感じとっています。

フリーターズフリー2号は栗田さんの責任編集で「女性労働」を特集し、その中で、とりわけ家族に代わるNFO（Non-Family Organization）の概念を問おうとしました。来たる3号では、杉田、生田の責任編集で、労働と社会の外部として無視され続けた「障害者、子ども、動物」の問題を特集することになっています。この3号が完成したとき、フリーターズフリーは新たな局面で、この「　」に続く様々な対話を開始していくことになるでしょう。

最後に、この本に関わってくださった方々に心から感謝します。

われわれと対話をしてくださった参加者の方々、そしてイベントを開催して下さった書店の担当の方、デザインの戸塚泰雄さん、そして人文書院の松岡隆浩さん。フリーターズフリーの五人目と言うべき松岡さんの存在が、わたしたちを常に支えてくれています。

そして、この本を手に取った読者のみなさんに。わたしたちは、この本をみなさんと共有すると同時に、ここからさらに先へ、わたしたちが今見る地平のさらに先へと進んでいくつもりです。

有限責任事業組合フリーターズフリー
生田　武志

生田武志（いくた・たけし）★

1964年生れ。野宿者支援活動、日雇労働。著書に、『〈野宿者襲撃〉論』（人文書院）、『ルポ 最底辺　不安定就労と野宿』（ちくま新書）、『貧困を考えよう』（岩波ジュニア新書）。2000年、「つぎ合わせの器は、ナイフで切られた果物となりえるか？」で群像新人文学賞受賞（評論部門）。

鈴木水南子（すずき・みなこ）

元セックスワーカー。現在、看護師。

森岡正博（もりおか・まさひろ）

1958年生れ。現在、大阪府立大学人間社会学部教授。哲学、生命学。近著に、『無痛文明論』（トランスビュー）、『感じない男』（ちくま新書）、『生命学をひらく』（トランスビュー）、『草食系男子の恋愛学』（メディアファクトリー）、『最後の恋は草食系男子が持ってくる！』（マガジンハウス）、『33個めの石　傷ついた現代のための哲学』（春秋社）など。

参加者紹介（登場順、★は編者［フリーターズフリー組合員］）

上野千鶴子（うえの・ちづこ）
1948年生れ。現在、東京大学大学院人文社会系研究科教授。近著に、『生き延びるための思想』（岩波書店）、『おひとりさまの老後』（法研）、『男おひとりさま道』（法研）など。

貴戸理恵（きど・りえ）
1978年生れ。現在、関西学院大学社会学部助教。著書に、『不登校は終わらない』（新曜社）、『不登校、選んだわけじゃないんだぜ！』（共著、理論社）、『コドモであり続けるためのスキル』（理論社）など。

栗田隆子（くりた・りゅうこ）★
1973年生れ。『子どもたちが語る登校拒否』（世織書房）に経験者として寄稿。学生時はシモーヌ・ヴェイユについて研究。ミニコミ・評論紙等において不登校・フェミニズムについての論考を発表。

大澤信亮（おおさわ・のぶあき）★
1976年生れ。物書き・編集者。現在、超左翼マガジン「ロスジェネ」編集委員、大妻女子大学短期大学部非常勤講師。著作に、『「ジャパニメーション」はなぜ敗れるか』（共著、角川書店）、「コンプレックス・パーソンズ」（『重力02』）、「マンガ・イデオロギー」（『comic 新現実』）など。2007年、「宮澤賢治の暴力」で新潮新人賞受賞（評論部門）。

杉田俊介（すぎた・しゅんすけ）★
1975年生れ。現在、障害者ヘルパー、ライター。著書に、『フリーターにとって「自由」とは何か』（人文書院）、『無能力批評』（大月書店）。

村上　潔（むらかみ・きよし）
1976年生れ。立命館大学大学院先端学術総合研究科博士課程修了（学術博士）。現在、日本学術振興会特別研究員。戦後日本における「主婦」の「労働」をめぐる思想と運動について研究。

フェミニズムはだれのもの？
――フリーターズフリー対談集

二〇一〇年四月二〇日　初版第一刷印刷
二〇一〇年四月三〇日　初版第一刷発行

編　者　有限責任事業組合
　　　　フリーターズフリー
発行者　渡辺博史
発行所　人文書院
〒六一二-八四四七
京都市伏見区竹田西内畑町九
電話　〇七五（六〇三）一三四四
振替　〇一〇〇〇-八-一一〇三

印刷　創栄図書印刷株式会社
製本　坂井製本所
装丁　戸塚泰雄
装画　箕浦建太郎

JIMBUN SHOIN　Printed in Japan
ISBN978-4-409-24086-1　C1036